高等职业教育"双高"建设成果教材
高职院校公共基础课能工巧匠系列教材·劳动教育类
高等职业教育新形态一体化教材

# 劳动教育导论

主编　孙锐　杨彬楠　纳佳

副主编　马慧　储娅　张育美

中国教育出版传媒集团
高等教育出版社·北京

内容简介

　　本书是高等职业教育"双高"建设成果教材，是高等职业教育新形态一体化教材。

　　本书根据中共中央、国务院发布的《关于全面加强新时代大中小学劳动教育的意见》和教育部印发的《大中小学劳动教育指导纲要（试行）》编写而成。本书主要讲述与劳动、劳动教育相关的基础理论，为高职院校开展劳动教育打好基础。全书共分为认识劳动、探索劳动教育、提升劳动素养、培养劳动能力、理解劳动新形态五章。从劳动的概念以及马克思主义劳动观出发，阐述开展劳动教育的必要性，如何树立正确的劳动价值观，论述高职院校学生应该具备怎样的劳动能力，以及面对新时代、新业态、新职业，劳动教育应如何创新以应对挑战。本书设置了"知识导航""劳动箴言""案例导入""阅读思考"等模块，以二维码的形式辅以知识点的总结与拓展，图文并茂，便于教师课堂教学和学生课后自学。本书配套开发了教学课件、电子教案、视频等数字教学资源，并在"智慧职教"平台上线，方便学习者使用。

　　本书既可作为高职院校开展劳动教育必修课的教学用书，也可作为相关企业员工培训的学习读物。

## 图书在版编目（CIP）数据

　　劳动教育导论／孙锐，杨彬楠，纳佳主编． --北京：高等教育出版社，2022.8

　　ISBN 978-7-04-058766-1

　　Ⅰ.①劳…　Ⅱ.①孙…　②杨…　③纳…　Ⅲ.①劳动教育-高等职业教育-教材　Ⅳ.①G40-015

　　中国版本图书馆 CIP 数据核字（2022）第 105721 号

**劳动教育导论**

LAODONG JIAOYU DAOLUN

| | | | | | | | | | |
|---|---|---|---|---|---|---|---|---|---|
| 策划编辑 | 李聪聪 | 田伊琳 | 责任编辑 | 田伊琳 | 陈　磊 | 封面设计 | 李树龙 | 版式设计 | 徐艳妮 |
| 责任绘图 | 杨伟露 | | 责任校对 | 马鑫蕊 | | 责任印制 | 存　怡 | | |

| | | | | |
|---|---|---|---|---|
| 出版发行 | 高等教育出版社 | 网　　址 | http://www.hep.edu.cn | |
| 社　　址 | 北京市西城区德外大街 4 号 | | http://www.hep.com.cn | |
| 邮政编码 | 100120 | 网上订购 | http://www.hepmall.com.cn | |
| 印　　刷 | 北京市大天乐投资管理有限公司 | | http://www.hepmall.com | |
| 开　　本 | 787mm×1092mm　1/16 | | http://www.hepmall.cn | |
| 印　　张 | 7.5 | | | |
| 字　　数 | 100 千字 | 版　　次 | 2022 年 8 月第 1 版 | |
| 购书热线 | 010-58581118 | 印　　次 | 2022 年 8 月第 1 次印刷 | |
| 咨询电话 | 400-810-0598 | 定　　价 | 22.80 元 | |

本书如有缺页、倒页、脱页等质量问题，请到所购图书销售部门联系调换

版权所有　侵权必究

物　料　号　58766-00

# 前言

党的十八大以来，习近平总书记立足世界发展大势和国家发展全局，着眼中华民族复兴伟大梦想，围绕中国教育发展作出了一系列重要讲话。2018年9月在全国教育大会上，习近平总书记首次提出把劳动教育纳入培养社会主义建设者和接班人的总体要求中，强调"德智体美劳全面发展"的教育方针。增加"劳动教育"这个维度，是习近平总书记在回答"培养什么人"问题上的独到论述，进一步丰富了新时代党的教育方针，为新时代加强劳动教育提供了根本依据。2020年3月，中共中央、国务院发布《关于全面加强新时代大中小学劳动教育的意见》（以下简称《意见》），对新时代劳动教育做了顶层设计和全面部署。同年7月，教育部为贯彻落实《意见》精神，印发了《大中小学劳动教育指导纲要（试行）》，将劳动教育纳入新时代中国特色社会主义教育体系。

职业教育的培养目标本身就包含工作或劳动技能，是与劳动密切相关的专业教育。职业教育培养的是面向生产一线从事专业劳动、专业生产的技术技能人才，既包括实体经济中生产物质资料的技术技能人才，也包括服务业中提供生产性服务和生活性服务的技术技能人才。因此，职业教育的劳动教育要与生产实践和专业发展结合起来。本书主要讲授劳动、劳动教育的历史，围绕培育劳动品质、培养劳动能力的要求，让高职院校学生熟悉并掌握劳动的基础知识。同时，本书展望了劳动新形态下，职业院校劳动教育方式的变化与理念的更新，具有更好的现实针对性，更能满足高职院校开展劳动教育的需要。

本书由孙锐、杨彬楠、纳佳担任主编,马慧、储娅、张育美担任副主编。参与编写的教师具备长期从事理论和实践教学的经验,了解高职院校学生的特点,掌握高职院校教育教学的方法,编写的内容更加符合高职院校的教育教学需要。具体分工如下:第一章"认识劳动",由昆明冶金高等专科学校马慧负责;第二章"探索劳动教育",由昆明冶金高等专科学校王宝娟、李薇负责;第三章"提升劳动素养",由昆明冶金高等专科学校杨彬楠、纳佳负责;第四章"培养劳动能力",由昆明冶金高等专科学校高贵博负责;第五章"理解劳动新形态",由云南水利水电职业技术学院储娅、张育美、江丽丽负责。云南水利水电职业技术学院朱慧玲、陈秋帆、浦娟、负晓玲参与本书的案例编写、图片收集。孙锐、杨彬楠、马慧负责全书的大纲设计、统稿工作。

高等教育出版社的田伊琳编辑在本书编辑出版过程中认真严谨,付出了许多辛劳。昆明冶金高等专科学校教务处、团委、马克思主义学院对本书的出版给予了大力支持和帮助,在此,我们一并致以深深的谢意!

受时间及编者知识水平所限,本书还存在许多方面的不足,恳请读者朋友不吝赐教,以便我们今后不断充实、修改和完善。

编　者

2022 年 3 月

# 目录

# 第一章

# 认识劳动

## 知识导航

　　为构建德智体美劳全面培养的教育体系,贯彻落实新时代培养社会主义建设者和接班人对加强劳动教育的新要求,2020年3月20日,中共中央、国务院发布了《关于全面加强新时代大中小学劳动教育的意见》。同学们,国家为什么将劳动教育纳入人才培养战略? 为什么青年学子在成为高素质技术技能人才的同时必须树立正确的劳动观念? 青年大学生还没有踏上工作岗位,是否可以只追求高分的成绩,而脱离基本的劳动? 本章将为大家释疑解惑。

　　本章从劳动的概念、历史和变迁入手,带领大家一步步深入认识劳动,理解唯有劳动方可使国家富强,唯有劳动才能让民族复兴的道理。青年学子唯有尊重劳动,懂得劳动最光荣、劳动最崇高、劳动最伟大、劳动最美丽的道理,未来踏上工作岗位时,才能用辛勤的劳动为中华民族伟大复兴贡献力量,为实现自己的幸福人生助力加油。

## 劳动箴言

　　劳动首先是人与自然之间的过程,是人以自身的活动来引起、调整和控制人和自然之间的物质变换的过程。

——马克思

## 有巢氏开启的文明时代

《庄子》载:"古者禽兽多而人民少,于是民皆巢居以避之。"此即有巢氏时代。上古时人类少而禽兽多,人类居住在地面上,经常遭受禽兽的攻击,随时都有伤亡危险。受恶劣环境逼迫,部分人开始往北迁徙。他们来到今山西和陕西一带,开始"穴居"生活。因北方气候寒冷,还有许多人不肯北迁。这时候"有巢氏"出现了,指导人们在树干上建造房屋,这样既能挡风避雨,又可防止禽兽的攻击,人们从此不再过担惊受怕的日子,此后"巢居"生活方式诞生。

史料记载有巢氏生活在距今五千多年的新石器时代。1973年河姆渡遗址被发现,遗址中出土的木构件总数达一千件以上,如此众多的木构件十分惊人,史学家认为"河姆渡人"就是"有巢氏之民",河姆渡地区就是"有巢氏国"的中心区域。有巢氏对中国产生了深远的影响,如2008年北京奥运会主场馆鸟巢、2019年中国北京世界园艺博览会中国馆的设计和建造理念均效仿有巢氏"巢居"的古老智慧,这既表达了当今社会对巢居文明的敬仰,也表明了有巢氏开创巢居文明的伟大功绩,巢居文明对中华文明和人类文明的发展都具有积极和深远的影响[1]。

从蛮荒的原始人到旧石器时代的氏族社会,是什么力量推动了社会的发展和进步?是什么力量让人脱离动物界开启人类的历史呢?答案是劳动。有巢氏带领人们开始劳动,依靠劳动,有意识地改造自然,发挥了人的主观能动性,引导人们为脱离动物界而迈开了第一步,是觉醒最早的原始人之一。

恩格斯在《自然辩证法》中指出:"有了人,我们就开始有了历史。"人类社会历史的第一页是最初脱离动物,而有巢氏的功德具有文明进步的划时代重要意义。劳动使猿变成了人,劳动也使得中华民族找到了推进社会发展的钥匙,从蛮荒时代进入了氏族社会。

---

[1] 陈立柱.有巢氏传说综合研究——兼说中国史学的另一个传统[J].史学月刊,2015(02):86-95.

社会生活在本质上是实践的。对人类社会而言,劳动是创造物质财富和精神财富的过程,也是人类不断完善自我的重要途径,是人类特有的基本社会实践活动,具有客观实在性、自觉能动性和社会历史性三个基本特征。

恩格斯认为,马克思主义"在劳动发展史中找到了理解全部社会史的锁钥"。认识劳动发展史,便是开启对社会发展的认识。劳动实践在人类社会发展的不同历史时期,表现形式是不同的,这种不同是生产力发展水平的不同造成的,人类创造财富的方式不同,导致了劳动在不同的历史阶段有不同的表现形式。

在古代社会,劳动多指洒扫、耕织、渔猎等体力劳动;机器工业兴起后,劳动、资本、土地成为商品生产的三大要素,劳动的概念从原来的体力劳动演化为广义的劳动。生产力的发展和变革是决定劳动形式变迁的根本力量。生产力决定生产关系,生产力包括劳动者、生产资料和劳动对象,随着生产资料、劳动对象的不断变革,出现了不同的劳动形态,劳动的概念也随之发展变化。因此,要弄懂劳动的概念先要弄懂劳动形态的历史变迁。

## 一、手工劳动

手工劳动是指人运用自身的自然力,即臂、腿、头、手等的力量,或直接取用自然物作为工具开展劳动。人们把这种简单改造自然物作为工具、有意识地利用自然物来制造工具或对工具加以改造以制成机械而开展的劳动称为手工劳动。在手工劳动中,人是控制者,劳动的效率主要取决于人。[1] 在手工劳动中,劳动力是决定生产效率的关键,

---

[1]　曾天山,顾建军.劳动教育论[M].北京:教育科学出版社,2020.

在手工劳动时代人们常说"人丁兴旺"，意即一个家族是否兴旺发达和这个家族劳动力的强弱是密切关联的。

人类为了生存下来，必须生产生活资料，手工劳动起初表现为自身的体力劳动，后来人类开始利用风力（图 1-1）、畜力、水力等开展劳动。

手工劳动的发展经历了两个阶段。一是完全依赖自身身体的自然力或简单利用自然界形成的工具进行手工劳动，如原始人用木头、石块

图 1-1
魏晋时代古人利用风力扬场

作为工具进行采集、狩猎、捕鱼等，这一阶段称为旧石器时代。二是利用其他复杂工具进行劳动。按照制造工具的材料，一般把史前时期划分为石器时代、青铜时代和铁器时代。继续往下分，可以分为石器时代、金属时代、简单机械劳动时代，这里的手工劳动也包括简单机械辅助劳动的形式。

手工劳动最初依靠手工或简单工具进行小规模生产，包括农业和家庭手工业。随着生产力的提升，手工劳动也从原来的简单手工劳动、耕种粮食发展到复杂手工劳动（如工艺美术品的创作和半机械化简单手工劳动。手工劳动是人类有意识、有目的、有计划地利用和改造自然的活动，手工劳动开启了人类的创造历程。从劳动中人们产生了语言、思维，劳动使"猿脑"变成了"人脑"，手工劳动使"猿"彻底转变为"人"。

微课：手工劳动的魅力——从劳动概念说开

## 二、机器劳动

18 世纪 60 年代和 19 世纪 60 年代先后发起的两次工业革命，使人类社会进入了蒸汽时代和电气时代。由此,农耕文明向工业文明过渡,机器得到广泛使用,机器劳动逐步代替了手工劳动(图1-2)。

图 1-2
机器劳动代替手
工劳动

马克思给机器劳动下了一个定义:"所谓简单的机器劳动,我们指的是应由看管工作机的人来完成的辅助作业。"也就是说机器劳动是与工作机的作业直接相关的"看管机器作业",表现为"特殊的工人小组看管完成各种特定过程的机器"。机器劳动经历了以纺织工业机械化为起点的工作机革命、以蒸汽机的发明和革新为标点的动力革命、以电力的发明和广泛应用为标志的动力革命和生产自动化革命,一次一次的技术革新,把人类的劳动形态推向了新的历史阶段。

18世纪60年代开始,机器劳动逐渐取代了手工劳动,实现了人类生产技术的一次重大突破。从原来的"风助力划船""水助力运输"等自然力的使用到水电、石油、天然气等新能源的使用是人类认识和利用自然力的又一大飞跃。机器劳动极大地提高了生产力。科学技术是第一生产力,每一次科学技术的进步都会提高生产率。在机器生产中,生产不再完全依靠"劳动者"的个人能力,而更需要工程技术人员来提升产品的价值,如设计、材料、工作流程等。机器劳动是人有意识地改造自然界的结果,极大地促进了劳动者的解放,使原来人力不及、高危高难、有毒有害、枯燥乏味的劳动被机器劳动代替,这是人类劳动史上的巨大进步和发展。

## 三、智能劳动

20世纪四五十年代，第三次科技革命兴起，随着电子计算机的迅速发展和广泛运用，全球信息、资源、资本、技术、人才流动变得更加迅速，人类社会开始进入信息化时代。20世纪后期，以智能化为主要特征的第四次科技革命兴起，智能劳动通过人与智能机器（图1-3）的合作，改变了人们的生活，能实现比机器劳动更加烦琐、更加精准的复杂劳动。

图 1-3
人工智能机械手臂在工作

智能制造是指从劳动目标出发，由人类与智能机器共同组成人机一体化智能系统，通过模仿人类大脑，完成"从感觉到记忆到思维的过程"与"行为和语言的表达过程"，实现拟人的智能化劳动，从而创造智能产品的过程。生活中出现的自动驾驶、无人售货、自动清扫、自动炒菜机器人等都实现了人机融合、人机一体。

机器劳动把人类从繁重的体力劳动中解放出来，完成了人力所不能及的劳动；智能劳动则是直接实现了以"人工智能"代替人类劳动，使人类社会的发展取得了实质性的突破。人工智能改变了人们的社会生活方式，例如，在医疗行业中，现代化的诊疗设备提高了诊断和救治的效率；在线学习平台MOOC提升了教育质量和教学效率；智能手机开启了居民不带纸币出门的时代，改变了人们的社会交往方式，大幅度地提高了人们的生活质量。

这里要说明的是，手工劳动到机器劳动再到智能劳动，后者对前者并不是完全替代的，即使到了智能时代，手工劳动、机械劳动也会存在，比如复杂精致的工艺品生产、部分地区的农业劳动、家庭式的作坊还不会脱离手工劳动、机械劳动,不同劳动形态之间不会实现完全取代,而是逐步替代、有限替代、交融并存的关系。由此看来不同劳动形态之间在一般性上是相互替代的,但是在特殊性、局部性上是共存共融的。

综观人类历史,一切生存和发展都依靠劳动,可以说,没有劳动,就没有人类社会。劳动有广义和狭义之分,狭义的劳动指生产和生活劳动,是具有一定劳动知识和技能的人使用劳动工具以获取劳动成果的实践活动,如劳动耕作、建造楼房、纺纱织布、制造交通工具等。广义的劳动除了生产和生活中的劳动外,还包括许多现代社会延伸出来的劳动,如脑力劳动、服务劳动。劳动客观广泛地存在于日常生活中,人们依据不同的划分标准可以把劳动划分为体力劳动和脑力劳动、简单劳动和复杂劳动、物质生产劳动和精神生产劳动、生产性劳动和服务性劳动等,要弄清楚这些划分的依据是什么,需要先认识劳动的内涵。

### 一、劳动内涵的历史变迁

劳动内涵的发展变化与手工劳动、机器劳动、智能劳动这三种劳动形态相互关联,马克思考察西方经济发展的历史,从劳动形态的变迁,概括总结了生产劳动的三种不同形式,在不同的劳动时期,劳动的内涵也不同。

#### (一)农业劳动

传统的重农主义认为,农业生产是创造财富的唯一劳动,其他活动都不能创造财富,不能算作劳动。中国封建社会长期重农抑商的思想,也同样认为直接从事衣食住行等生活必需品的生产制造活动是劳动,而国家社会管理、思想理论创新、文学艺术创作等不是劳动,从事这些活动的人被认为是劳动者供养或者剥削劳动者的人[①]。在农业劳动时代,劳动的概念排除了脑力劳动和抽象劳动,仅指农业生产劳动,这样一来,根据是否参加劳动就可以区分出不同的阶级,这种观点明显已经落后于当今社会的发展。

## （二）工商业生产经营活动

随着资本主义在全世界范围内的扩张,资本主义工商业不断发展壮大,与日益发展的商业经营活动相比,从事农业生产的人口越来越少,农业生产创造的财富也明显少于工商业经营活动。因此,重商主义者重新定义劳动,认为与农业生产相比,工商业经营是更重要的劳动,商业经营才是真正意义上创造财富的活动。

正如马克思、恩格斯所说:"随着每一次社会秩序的巨大历史变革,人们的观点和观念也会发生变革。"生产力的不断发展带来价值观的不断发展和变化,单一价值观转变为多元价值观。与农业社会相比,工商业生产经营者逐渐得到社会的普遍认可,自然也成为劳动者。工商业生产经营活动为社会的发展和进步做出重要贡献,劳动者的范围发生了改变,这是社会发展进步、出现多元化思想的结果。

## （三）创造货币财富的活动

随着资本主义的继续发展,作为一般等价物的货币产生后,财富被看成货币,一切有利于"资本"增值的活动都是劳动,因此劳动的内涵扩充到能够创造财富的所有活动。农场主从事管理活动与农民一

---

① 李效东.大学生劳动教育概论［M］.北京:清华大学出版社.2021.

样,都是劳动,从事文化、体育、金融、法律工作也属于劳动。

马克思明确指出,片面地以农业、工业、商业等某一种劳动形式理解生产,其实是生产方式落后导致的人类思想的狭隘性。农业主导的社会只把农业生产看作劳动,工业主导的社会只把工业生产看作劳动,服务业主导的社会只把商业服务看作劳动。当生产力水平高度发达时,人们可以在各种生产方式中自由选择,工农、城乡、脑力、体力等不再成为劳动差别。

劳动内涵的历史变迁,体现了不同历史时期社会主要矛盾的深刻变化,劳动的内涵从农业生产、工商业经营进一步扩展到有利于资本增值的活动,也体现了在不同的社会中统治阶级地位的变化。由此可见,在以人民为中心的中国特色社会主义国家制度中,劳动除了包括创造货币财富的劳动外,也包括义务服务性劳动和一切有利于人民群众的社会实践,不再以货币为唯一的衡量标准。

微课:探寻劳动的内涵

## 二、劳动的基本内涵

劳动是人类社会特有的一种有目的的社会实践活动,是指在一定的社会关系中,人类实现人和自然之间的物质变换,以满足人类需要的有目的的创造物质财富和精神财富的社会实践活动。

劳动是社会存在和发展的基础,生产力推动社会关系的发展变化,也推动了社会的发展变化。其中,生产力包括劳动者、劳动对象和生产资料,理解劳动的基本内涵,也要从劳动者、劳动对象和生产资料三者之间的关系来把握。

### (一)劳动是人类有目的的社会实践活动

劳动是人类主观能动性的表现。农民耕种粮食可以称作劳动,但老虎捕猎不能成为劳动,因为老虎捕猎仅只是动物的生存本能,缺少了人的主观能动性。劳动的主体是人,而不是别的什么动物或者机器。人类的有目的的生产劳动,不是出于本能,而是出于对自然规律的认知,知道土地能生长出粮食,人类才开始耕种粮食,从而产生"稻作文化",使得人类社会绵延至今。有目的的人类劳动把人和动物区别开来,所以说,劳动是人类的本质属性。

现代科学对劳动意义的研究越来越清晰地揭示出,劳动是我们自身发展的必要条件。劳动是培养意志的良好途径。劳动的过程充满各种挑战,应对挑战的过程会锻炼人的意志;同时,劳动是一种以获得成果为目标的活动,获得劳动成果会使人们产生强烈的满足感和成就感,从而提高人们的意志水平。

劳动是一切知识的源泉。农耕文明中,通过观察自然、认识自然规律,人们总结出了二十四节气,更好地把握气候变化,把握农作物种植的关键时节,提高了收成。现代劳动中,劳动实践同样也是人们获得知识的重要来源,每一次的知识积累都是在为下一次的技术革新做准备,让人类社会越来越便捷、越来越舒适。

劳动是人思维发展的重要支柱。研究发现,人的思维是由动作内化而来的,人类逐步学会了摆脱动作、形象等支持手段,直接用语言符号进行交流。剥夺了劳动,思维就会受到限制,也无法得到发展。劳动这种追求目标的复杂活动,有助于刺激人类思维能力的发育,在劳动中手指会促进大脑的血流量增加,使思维变得敏捷。在日常学习生活中,我们会有这样的经验:长期缺乏劳动,思维会变得迟钝;繁重的学习工作之余参加体力劳动,会感到身心愉悦、放松,注意力更加集中。[①]

总之,劳动这种有目的的社会实践活动促进了人各方面能力的提升,以及自我身心的协调发展,对个体而言意义极其重大。

## （二）劳动是人和自然之间的物质交换

人生活在自然中,是自然的一个组成部分,人类社会要生存和发

---

① 徐国庆.劳动教育［M］.北京:高等教育出版社,2020.

展必须依靠自然界获得生存所需的基本物质资料,就现阶段而言,离开自然界人类将无法生存。手工劳动中,人类利用臂和腿、头和手进行的劳动也是自然力的运用[1]。原始人采摘、狩猎的是自然的果实和猎物,食用后自然界的物质变成原始人的体能、力量,可见劳动是实现人与自然物质交换的过程。正如马克思所说:"人靠自然界生活。这就是说,自然界是人为了不致死亡而必须与之处于持续不断的交互作用过程的、人的身体。"

在现代社会,劳动仍然是人类社会获取物质资料进行发展的基础,现代人向往文化生活,需求多种多样,但社会存在和发展最为根本的基础是物质资料,只有具备一定的物质基础保障来满足吃穿住用行,人类才能发展各种文化和获取精神享受。

马克思认为衣食住行等是人类生存的基本需要。"为了能够'创造历史',必须能够生活。但是为了生活,首先就需要衣食住以及其他东西。"心理学家马斯洛把人的需要依次从低到高划分成五个层次,即生理需要、安全需要、社交需要、尊重需要和自我实现需要。在五个层次中最基础的需要是生理需要,即对食物、水、空气、睡眠等的需要。不论是马克思还是马斯洛,都认为获取物质资料是人类社会的基本活动,也是人类经济活动的核心。各国均把国内生产总值(Gross Domestic Product,简称GDP)的增长看作社会发展的核心指标,而核算农业、工业等指标是直接以物质资料生产为主体的。随着生产力的发展,劳动内涵在不断变化,但是劳动的基本内涵还是人和自然之间的物质交换。

## (三)劳动是创造使用价值或价值的活动

劳动是人类运用生产资料对劳动对象进行加工改造的活动,它的目的是创造满足人类生活需要的使用价值。看电影、看戏剧这些娱乐

---

[1]　李效东.大学生劳动教育概论[M].北京:清华大学出版社.2021.

活动拉动了消费,带动了生产需要,但是没有创造使用价值。因此,在手工时代和农耕社会用"是否创造使用价值"把社会的剥削者和劳动者区分开来,如奴隶从事生产活动,也在创造使用价值,因此成为劳动者,而奴隶主即便拥有巨额财富也不被认为是劳动者。在如今的工业时代和智能时代,劳动创造使用价值的定义可以发展为劳动创造价值,设计、管理、策划、研发等活动同样是劳动。

劳动是一个极其复杂的范畴,它涉及人与自然之间的物质变换、人与人之间的生产和生活交往。劳动在社会发展的不同阶段有不同的表现形式,这是由当时社会生产力的发展水平决定的。对大学生而言,大学生通过消费成为生产活动中的一个内在要素,除非有服务于生产的劳动,否则学习生活本身不属于劳动,而只是劳动能力的积累。

## 第三节　马克思主义劳动观

劳动是人类最高尚的活动,劳动不仅创造了人类社会得以发展和延续的一切物质生活资料,而且创造了人类的精神文明,引领和推动着社会不断前进和发展。人们对人类劳动的认识,经历了一个曲折漫长的过程。随着生产力的不断变革,在长期的劳动实践中,人们的思想观念发生了巨大的变化,对劳动的认识也不断深化。

马克思主义劳动观的诞生,是人类劳动学说史上的一座重要里程碑,它第一次全面系统地阐述了劳动在人类社会发展历史上的决定性作用,从对复杂社会关系的分析中揭示了人类社会发展的一般规律。

马克思认为,劳动是人的存在方式,人的本质是一切社会关系的总和。马克思从"劳动是唯一的价值源泉"入手,无情地批判了资本主义制度下劳动的异化和资本家榨取剩余价值的罪恶。马克思分析了资本主义社会的矛盾,并由此得出了资本主义必然灭亡、社会主义必然胜利的历史结论。

## 一、劳动满足人自身生存和发展的需要

恩格斯在《劳动在从猿到人的转变过程中的作用》一文中,详细描述了劳动在人类从猿进化为人的过程中的作用。会使用和创造劳动工具把人类社会与猿猴世界区分开来,劳动使人学会了直立行走。

劳动是人维持自身生存的对象化活动,劳动者在劳动过程中获得报酬或者得到生活资料,从而满足其生存需要。劳动具有自为性,正如马克思所说:"任何人如果不同时为了自己的某种需要和为了这种需要的器官而做事,他就什么也不能做。"同时,马克思认为,人作为一种自然存在物,为了生存和生活,必须通过认识自然、改造自然,使自身的劳动固定、物化在某个对象当中,以满足自身的生存需要。在人与自然之间的物质交换过程,即劳动过程中,人满足了自身发展的需要,劳动既满足了人的生命活动需要,又创造了人本身,使人获得了与动物不同的主体性存在[1]。

## 二、劳动实现人的自由本质的解放

马克思主义劳动价值理论详细阐述了商品经济的本质和运行规律。马克思主义政治经济学把价值定义为"凝结在商品中的无差别的人类劳动"。恩格斯指出,劳动是"整个人类生活的第一个基本条件"。马克思通过对商品的分析,阐明了商品的二因素和生产商品的劳动二重性、价值量和价值规律、价值形式的发展和货币的起源、商品经济的基本矛盾和基本规律,形成了科学的劳动价值论,揭示了商品经济的一般规律,为社会主义市场经济的发展提供了理论指导。

---

[1]　韩剑颖.大学生劳动教育教程[M].北京:清华大学出版社,2021.

作为人的本质的体现，劳动是实现人的自由全面发展的根本途径。劳动最基本的价值是维持以及满足人的生存需要，这是劳动价值的最低层次。生存需要直接与人的生命相联系，没有什么比生存更为重要。在劳动价值论的基础上，马克思发现了剩余价值规律。马克思指出：资本来到这个世界，从头到脚，每一个毛孔都滴着血和肮脏的东西。马克思主张通过革命，打破这沉重的锁链，创造一个没有剥削、没有压迫的共产主义社会，提出了从基本生存需要到人的生活方式的本质诉求。

马克思认为，人的本质的实现是一个通过劳动自我诞生、自我创造和自我发展的历史过程，"劳动是人的本质"。劳动为人的发展奠定基础，在劳动中促使生理和心理等更加"人化"，同时，在劳动中，人自身创造了人类社会。"随着新生产力的获得，人们改变自己的生产方式，随着生产方式即谋生的方式的改变，人们也就会改变自己的一切社会关系。"而从人的发展意义上看，劳动不是一个艰苦、受苦的过程，而是一个享受发展、完善本质的过程。正如马克思所说："个人是什么样的，这取决于他们进行生产的物质条件。"劳动者创造了巨大的物质财富和精神财富，打破原有的私有制所承载的生产关系，这背后是劳动者本质力量的展现、人的自由本质的发挥，而劳动产品"通过自由的劳动和自由的享受，重新成为人的真正的、属于自身的所有物"。劳动从一件辛苦的事，变成了一件幸福的事，是一个逐步解放的过程[①]。

劳动的解放与人的解放是一致的，从自然意义上讲，劳动的解放是人在劳动过程中少些痛苦和折磨，多些成果和快乐；从社会上讲，劳动的解放就是要消灭私有制，让人们平等地占有生产资料，平等地分享劳动成果。劳动创造着具有人的本质的全部丰富性的人，创造着具有深刻感受力的、丰富的、全面的人。

---

① 韩剑颖.大学生劳动教育教程［M］.北京：清华大学出版社，2021.

### 三、劳动为他人、为社会服务

劳动除了具有自为性,也具有为他人、为社会服务的价值属性,即为他性。马克思认为,"如果一个人只为自己劳动,他也许能够成为著名学者、大哲人、卓越诗人,然而他永远不能成为完美无疵的伟大人物"。劳动不能只为自己,这不仅仅是从人类社会整体利益的角度得出的结论,同样也是人性的现实需要。劳动作为人类独有的社会实践活动,并不是孤立进行的,不能独立于社会之外,劳动本身就产生和维系着人与人之间的社会交往关系。现实的人的劳动总是在一定的社会关系之中进行的,而非在与世隔绝的状态下进行,劳动使得人与人之间的社会关系日益密切①。马克思指出:"正是在改造对象世界中,人才真正地证明自己是类存在物……这种生产是人的能动的类生活。"马克思从人的对象性的活动出发来考察劳动,认为人在有目的地改造自然物的过程中,把自己的本质力量对象化于客体的同时,也是人展示、实现或创造自我的过程,是人自身的生成过程。人在劳动的过程中得到自我体现、拓展人际关系,继而获得个人尊严和荣誉,进行自我确认。同时,劳动也能使自己的能力、道德、自我认同感等得到提升。在我国,国家利益、集体利益、个人利益三者是辩证统一的,国家利益、社会整体利益体现了个人的长远利益,"一方有难,八方支援。"新型冠状病毒肺炎疫情期间,国家援鄂医疗队舍弃自己的休息时间,甚至是冒着生命危险,全身心投入到"武汉保卫战"的劳动中(图1-4),

图1-4
一方有难八方支援,国家援鄂医疗队

① 韩剑颖.大学生劳动教育教程.[M].北京:清华大学出版社,2021.

彰显了为他人、为社会服务的奉献精神，一个有爱、有责任、有温度的社会通过劳动缔造而成。

马克思进一步指出，"个人只为别人而存在，别人也只为他而存在"，劳动作为中介联系着人与人之间的关系，同时劳动只有具有为他性，才能获得自我生存。因此，纯粹为他的劳动也不存在，即便是义务劳动、志愿劳动，劳动者也能从中获得一定的自我满足或者精神褒奖，这体现了以劳动为主体的实践活动的主观能动性。

### 四、劳动无贵贱之分

当前，我国正处在全面深化改革的重要战略机遇期，尤其在生产结构领域正进行着全方位的变革。因生产结构变化引起的社会分工的变革，导致劳动也总是有差别的，这是社会的自然属性，人类社会在一次次的生产变革和分工调整中也会逐渐发展到一个全新的高度。

在现代，从某种意义上来说，劳动之间的差别不仅没有消失，反而有越来越大的趋势。这种差别包括脑力劳动和体力劳动之间的差别、工业劳动和农业劳动之间的差别、劳动收益之间的差别等。但因分工不同导致的劳动差别并不意味着劳动是不平等的、有高低贵贱之分的。劳动差别是社会分工的直接表现，是人类的经济发展和社会历史进步的基本条件和重要体现。有了这种差别，才有专门化，才有技能的提高，才有社会个性的基础；无差别的社会只能是死水一潭，有差别才有交换，有交换才有社会合作。劳动的差别，不仅合乎历史的进步，而且符合人的发展需要。劳动的合理差别，有助于人的自由个性的发展。因此，在中国特色社会主义新时代，劳动虽然有差异，但劳动与劳动之间是平等的，劳动者与劳动者之间也是平等的，每个劳动者的付出和辛勤劳动都应得到全社会的尊重。

马克思主义劳动观深刻地影响着当代中国人对劳动的认识，也间接而深刻地反映出社会变革取向对人们劳动意识和行为的影响。大学生在理解劳动内涵时，一定要坚持劳动平等、劳动光荣的观念，劳动者是伟大的，从事不同行业的劳动者之间没有高低贵贱之分，所有的劳动者都是新时代中国特色社会主义事业的建设者。大学生要努力从劳动中体会快乐、创造快乐、感受快乐，以积极的精神状态主动地参与劳动，激发自身的创造力，正确地探寻人生的意义，自觉通过劳动改善生活、实现自我、收获成长，努力通过劳动让生活变得更美好，在劳动的道路上做新时代的追梦人。

微课：马克思主义劳动观的中国化

### 阅读思考

**材料一：**

劳动首先是人和自然之间以人自身的活动来引起、调整和控制的物质交换过程。人自身作为一种自然力与自然物质相对立。为了在对自身生活有用的形式上占有自然物质，人就使身上的自然力——臂和腿、头和手运动起来。当人通过这种运动作用于身外的自然并改变自然时，也就同时改变人自身的自然，使自身的自然中沉睡着的潜力发挥出来，并且使这种力的活动受自己控制。在这里，我们不谈最初的动物式的本能的劳动形式。现在工人是作为他自己的劳动力的卖者出现在商品市场上。对于这种状态来说，人类劳动尚未摆脱最初的本能形式的状态已经是太古时代的事了，我们要考察的是专属于人的那种形式的劳动。

虽然蜘蛛的活动与织工的活动相似，蜜蜂建筑蜂房的本领使人间的许多建筑师感到惭愧。但是，最蹩脚的建筑师从一开始就比最灵巧的蜜蜂高明的地方，是他在动手建筑之前，就已经在自己的头脑中把它建成了。劳动过程结束时得到的结果，在这个过程开始时就已经在劳动者的表象中存在着，即已经观念地存在着。他不仅使自然物发生形式变化，同时还在自然物中实现自己的目的，这个目的是他所知道的,是作为规律决定着他的活动的方式和方法,他必须使自己的意志服从这个目的。但是这种服从不是孤立的行为。除了从事劳动的那些器官紧张之外,在整个劳动时间内还需要有作为注意力表现出来的有目的的意志,而且,劳动的内容及其方式和方法越是不能吸引劳动者,劳动者越是不能把劳动当作他自己体力和智力的活动来享受,就越需要这种意志。劳动过程的简单要素是:有目的的活动或劳动本身,劳动对象和劳动资料。

**材料二:**

劳动过程,就我们在上面把它描述为简单的、抽象的要素来说,是制造使用价值的有目的的活动,是为了人类的需要而占有自然物,是人和自然之间的物质变换的一般条件,是人类生活的永恒的自然条件,因此,它不以人类生活的任何形式为转移,倒不如说,它为人类生活的一切社会形式所共有。因此,我们不必叙述一个劳动者与其他劳动者的关系。一边是人及其劳动,另一边是自然及其物质,这就够了。根据小麦的味道,我们尝不出它是谁种的,同样,根据劳动过程,我们看不出它是在什么条件下进行的:是在奴隶监工的残酷的鞭子下,还是在资本家的严酷的目光下;是在辛辛纳图斯耕种自己的几亩土地的情况下,还是在野蛮人用石头击杀野兽的情况下。

(来源:《马克思恩格斯文集》,有删改)

---

**思考:**

1. 结合材料一理解,为什么马克思说最蹩脚的建筑师从一开始就比最灵巧的蜜蜂高明?

2. 阅读材料二,结合古诗《悯农》:"锄禾日当午,汗滴禾下土。谁知盘中餐,粒粒皆辛苦?"分析说明劳动是人和自然之间的物质交换的条件这一论断。

# 第二章

# 探索劳动教育

---

📄

## 知识导航

劳动教育是教育的重要组成部分,劳动教育伴随着教育的产生而产生,随着人类社会的发展而发展。教育部印发的《大中小学劳动教育指导纲要(试行)》指出:"劳动教育是新时代党对教育的新要求,是中国特色社会主义教育制度的重要内容,是全面发展教育体系的重要组成部分,是大中小学必须开展的教育活动。"对高职院校来说,探索劳动教育,需在认识劳动教育内涵的基础上,充分认识劳动教育与职业教育的关系以及新时代高职院校开展劳动教育的主要任务。

✏️

## 劳动箴言

没有年轻一代的教育和生产劳动的结合,未来社会的理想是不能想象的;无论是脱离生产劳动的教学和教育,或是没有同时进行教学和教育的生产劳动,都不能达到现代技术水平和科学知识现状所要求的高度。

——列宁

📊

## 案例导入

### 从技校生到全国技术能手

张雪松,中共党员,中国中车唐山机车车辆有限公司铝合金厂高级技师。1992

年,技校毕业的他成为中车唐山公司的一名技术工人,在工作中,他勤学苦练、打磨技艺;业余时间,他始终坚持学习专业知识,进修了机电一体化专业的大专课程,还学习了维修电工、PLIC 编程、CAD 设计等知识,并把技能大赛当成提升自己技艺的平台。2009 年张雪松获得了河北省技能大赛数控机床装调维修工第一名,成了钳工和机床维修的"双料"状元,成为掌握数控知识技能的新一代产业工人。

工作以来,张雪松始终坚持学习钻研,在高速动车组生产中摸索技术参数,不断攻克技术难关,完成技术创新 109 项,制作工装卡具 66 套,撰写工艺文件和操作指导书 72 项,改进进口工装设备技术缺陷 20 多项。工作中,他注重发挥团队的力量,甘为人梯、乐于助人,将工作中的心得和绝活都记录下来,并毫无保留地分享给工友。张雪松在担任铆钳班班长时,带领的铆钳班 16 名员工已全部成长为动车组生产制造的技术骨干,其中有 4 人后来成为工段长,9 人到其他班组担任班长,2 人获得"全国技术能手"称号。此外,在校企合作、导师带徒交流活动中,张雪松还担任了唐山工业职业技术学院等高职院校的兼职教师,编写教学课件和培训教材,搭建精品课程平台,帮助更多的青年成长为新时代技术工人和技能工匠。

张雪松是被李克强总理赞誉为"中国第一代高铁工人"队伍中的普通一员,他努力践行着工匠精神,凭着对党和国家、企业的忠诚,以及对工作的热爱,勤奋求实、兢兢业业做好自己的本职工作,先后荣获全国道德模范、全国劳动模范、全国优秀共产党员、中国青年五四奖章等荣誉,成为中国中车首席技能专家,是用匠人技艺和科技创新提升"中国速度"的高铁工匠。

（来源:《劳动教育与职业素养训练》,有删改）

## 第一节　劳动教育的内涵

劳动教育是一个动态发展的概念,随着社会的发展、时代的变迁,劳动教育的内涵也在不断丰富和完善。理解劳动教育的内涵,需准确认识劳动教育的重点、全面把握劳动教育的历史发展、深刻理解劳动教育的价值体现。

《辞海》对劳动教育的定义为："劳动教育是德育内容之一，对学生进行热爱劳动和劳动人民、珍惜劳动成果、树立正确的劳动观点和劳动态度、通过日常生活培养劳动习惯和技能的教育活动。"[①]《中国大百科全书·教育》将劳动教育定义为："使学生树立正确的劳动观点和劳动态度，热爱劳动和劳动人民，养成劳动习惯的教育，是德育的内容之一。"[②]《教师百科辞典》对劳动的定义是："劳动教育就是向受教育者传播劳动知识和技能，培养他们正确的劳动观点、劳动习惯和劳动情感。"[③]苏霍姆林斯基认为："劳动教育是对年轻一代参加社会生产的实际训练，同时也是德育、智育和美育的重要因素。"[④]综观劳动教育的发展历程，其不同时期有不同的内涵，总地来说，劳动教育既包含德育的内容，也包含智育的内容，同时也是一种实践教育。

## 一、劳动教育的重点

2020 年 3 月 20 日，中共中央、国务院印发《关于全面加强新时代大中小学劳动教育的意见》，提出"实施劳动教育重点是在系统的文化知识学习之外，有目的、有计划地组织学生参加日常生活劳动、生产劳动和服务性劳动"。因此，理解劳动教育，必须从日常生活劳动、生产劳动和服务性劳动这三方面入手。

### （一）日常生活劳动教育

日常生活劳动包括日常饮食起居、日常家务劳动（图 2–1）和学校生活劳动。《孟子·梁惠王上》写道："不违农时，谷不可胜食也；数罟不入洿池，鱼鳖不可胜食也；斧斤以时入山林，材木不可胜用也。" 由此可见，劳动教育

---

① 舒新城.辞海［M］.上海：辞书出版社，1999.
② 中国大百科全书总编委会.中国大百科全书［M］.2 版.北京：社会科学文献出版社，1987.
③ 陈孝彬等.教师百科辞典［M］.北京：社会科学文献出版社，1987.
④ 苏霍姆林斯基.帕夫雷什中学［M］.北京：教育科学出版社，2009.

图 2–1
日常生活劳动

来源于日常生活,与日常生活融为一体。日常生活劳动需要个体从小养成自主穿戴、自我整理的良好习惯,养成帮助父母进行家务劳动的良好习惯,在学校养成良好的卫生习惯并积极主动地参与美化校园等活动,在长期的积累中,形成勤俭节约、勤劳质朴、独立生活的习惯及适应能力。简单地说,个体在日常生活中不断地接受生存方式的培训,开展生活能力的实践,即个体"认识自我,实现自我"的过程就是接受日常生活劳动教育。日常生活劳动教育包含劳动习惯教育、劳动技能教育、劳动精神教育。

## (二)生产劳动教育

生产劳动来源于马克思主义的生产劳动理论,生产劳动作为生产实践活动的基本形式,是个体在有目的的活动中改造自然对象的同时改造人自身的过程。马克思劳动教育思想强调的是教育与生产劳动相结合,指出"生产劳动是直接使资本增值的劳动或生产剩余价值的劳动。"[1] 我国的劳动教育就是在马克思劳动教育的思想基础上发展的,在培育新时代社会主义建设者和接班人的过程中开展劳动教育,就是要促进"教育与生产劳动相结合"。生产劳动教育就是个体在维持自身生存的过程中参与各类生产活动(图 2–2),通过不断地学习从而实现自我完善,不

图 2–2
生产劳动

---

① 马克思,恩格斯.马克思恩格斯文集:第 8 卷[M].北京:人民出版社,2009.

断接受社会生产中的新知识、新技能和新思维的教育。生产劳动教育包括科学意识教育、科学知识教育、科学精神教育。

### （三）服务性劳动教育

服务性劳动强调个体在劳动中不仅要满足自身生存的需要，还需要通过劳动实现自己的生存意义和价值。蔡元培提出："各级教育，应于训练上一律励行劳动化，使青年心理上确立尊重职业之基础，且使获得较正确之人生观。"劳动教育的目的就是培育正确的劳动价值观并使受教育者提升对劳动的热情和创造劳动的积极性，这也是服务性劳动的本质意义。现阶段来看，服务性劳动教育就是个体在深入生活、接触社会的过程中参加各种形式的公益劳动及社会公益实践，用自己的所学为他人和社会提供服务，不断提高实践能力和道德素养，培育为人民服务的良好思想品德的教育。服务性劳动教育包括校内公益活动、社会公益活动、国家公益活动（图2-3）。

图 2-3
服务性劳动

微课：服务性劳动教育的育人价值

## 二、劳动教育的价值体现

著名教育实践家和教育理论家马卡连柯高度重视劳动在教育教学中的重要作用，坚持继承马克思、恩格斯关于"劳动与教育相结合"的思想，探究劳动教育的意义、内容及实施方法。他指出："只有参加集体劳动才能使人对人有正确的和道德的态度——对一切劳动者保持亲属般的爱护和友谊，对懒惰分子和躲避劳动的人表示愤慨和谴责。"[1] 马卡连柯认为，学生的劳动可以有效地影响其性格、观点和行为。他强调

---

[1] 吴式颖.马卡连柯教育文集：下卷[M].北京：人民出版社，1985.

要运用实际的生产与生活来教育、锻炼学生，从生活劳动入手，引导学生参加生产劳动和国家建设。同时，他要求劳动教育的实施需与生产实践相结合，实现教学与生产劳动有机地结合，而不是机械地结合。

2018年，习近平总书记在全国教育大会上强调，要培养德智体美劳全面发展的社会主义建设者和接班人，在学生中弘扬劳动精神，教育引导学生崇尚劳动、尊重劳动，懂得劳动最光荣、劳动最崇高、劳动最伟大、劳动最美丽的道理，长大后能够辛勤劳动、诚实劳动、创造性劳动，为社会主义教育事业"培养什么人、怎样培养人、为谁培养人"指明了方向。2020年3月，中共中央、国务院发布的《关于全面加强新时代大中小学劳动教育的意见》（以下简称《意见》）指出，劳动教育是中国特色社会主义教育制度的重要内容，要将劳动教育纳入人才培养全过程，贯通大中小学各学段，贯穿家庭、学校、社会各方面。

劳动教育在立德树人、全面育人方面有着举足轻重的地位。劳动教育就是教育学生树立正确的劳动观点，端正劳动态度，养成热爱劳动的习惯和品德。劳动教育是一种开放的、因人而异的幸福教育，是培养学生以劳动获取幸福、以智慧劳动创造生活的体验教育，是培养学生实践创新能力的教育。新时代"劳动"的内涵是"实践"，必须将动手和动脑紧密结合，客观面对真实的事物、真实的世界。"互联网+"时代需要先进的生产技术，因此传统的劳动教育已不能满足社会发展的需要，我们要积极创新劳动教育的内容，研究开发劳动教育课程，探索劳动教育的新方式，满足学生发展自身核心素养需要，培养社会发展需要的复合型劳动人才。

## 三、高职院校开展劳动教育的意义

### （一）劳动教育对高职院校的意义

高职院校加强劳动教育不仅能提升育人效果，还能促进高职院校高质量发展。2019年《国务院关于印发国家职业教育改革实施方案的通知》强调,要推进高等职业教育高质量发展,把发展高等职业教育作为优化高等教育结构和培养大国工匠、能工巧匠的重要方式,使城乡新增劳动力更多接受高等教育。高质量发展是高职院校发展的本质追求,也是以全体师生身心健康发展为教育基础和教育效益的全面发展。劳动教育是高等职业教育人才培养的重要内容之一。新时期加强高职院校劳动教育,涵养人的劳动意识、丰富人的劳动知识、增强人的劳动能力、提高人的劳动素养,就是要进一步思考和完善职业教育的价值追求,重塑职业教育治理体系,实现高职院校的高质量发展。高职院校劳动教育最为突出的特点是"真实环境实干、职业岗位参与",以教育与生产劳动和社会实践相结合为路径,对接就业岗位的真实需求。高职院校劳动教育不仅能激发学生的成长"内力",还能触及高职院校的发展"内核"。在此基础上,高职院校培养的高素质劳动者和技术技能人才能够更好地服务区域经济和社会发展,满足人民群众对高质量高等职业教育的期待。

## (二)劳动教育对高职学生的意义

劳动教育有助于强化高职学生的劳动观念。部分父母溺爱孩子,导致有些孩子很少从事家务劳动,缺乏劳动意识和独立生活能力。劳动教育有助于强化学生的劳动观念、端正其劳动态度,让学生摒弃好逸恶劳的错误观念,遇到困难迎难而上、坚强面对。劳动教育有助于提高学生的劳动积极性,培养学生的劳动技能。目前,部分高职学生缺乏劳动积极性,劳动技能低,在学习中"不要学、不肯学、不勤学",缺课及迟到早退现象严重,在生活中无法独立,缺乏最基本的自理能力,这与当代大学生的历史使命是格格不入的。让高职学生接受劳动教育,引导学生进一步认识到,劳动是幸福的。高职学生只有在生活实践中,通过体力劳动与脑力劳动的共同作用,才能将理论知识转变为劳动技能,从而不断创新,提高本领。

随着中国特色社会主义进入新时代,劳动教育与职业教育的内涵更加丰富。现阶段,我国的劳动教育依然秉承马克思主义劳动教育思想,强调教育与生产劳动相结合,实现劳动与教育在高素质人才培养上的结合。职业教育是围绕着职业劳动展开的,在强调教育与生产劳动相结合的同时,更注重职业技术技能人才的培养。在厘清劳动教育与职业教育关系的同时,要清楚地意识到培养高素质技术技能人才是劳动教育与职业教育的共同目标。

## 一、劳动教育与职业教育的关系

劳动教育与职业教育密切相关,劳动教育的目的是实现劳动与教育在高素质人才培养上的结合,职业教育的直接目的是培养高素质技术技能人才。劳动教育与职业教育的本质就是劳动价值观教育,培养合格的社会主义建设者和接班人是劳动教育与职业教育的共同价值追求。因此,劳动教育与职业教育既有区别、也有联系,两者相互配合、相辅相成。

### (一)劳动教育与职业教育的区别

劳动教育是一种功能教育,目的是促使受教育者对劳动形成正确的认知,从而树立正确的劳动观。习近平总书记指出:"劳动是人类的本质活动,劳动光荣、创造伟大是对人类文明进步规律的重要诠释。"中国共产党自成立以来就高举社会主义旗帜,这就决定了我国的教育必须把培养社会主义建设者和接班人作为首要任务。而劳动教育则是完成这一首要任务的重要途径之一,也是社会主义现代化教育体系的重要内容。劳动教育不同于一般意义上的教育,其重点是要在系统的文化知识学习之外,有计划有目的有规律地组织学生进行日常生活劳动、生产劳动、服务性劳动,通过劳动提升技能、强化认知,使学生树立正确的劳动观,培养良好的劳动品质。

职业教育是一种类型教育,目的是培养高素质的劳动者。职业教育重点培养的是面向生产一线、从事专业劳动和专业生产的技术技能人才,其中既包括实体经济中生产物质资料的技术技能人才,也包括服务业中提供生产性服务和生活性服务的技术技能人才。因此,职业教育本身也是一种与劳动相关的教育,是围绕职业劳动而展开的教育。在教育过程中,一方面,职业教育更强调将生产实践与专业发展结合起来,从而培养更专业的技术技能人才。同时,随着社会的发展,职业教育也应顺应时代的变化,结合新兴劳动形态的发展,关注新技术、新产业、新科技,做到与时俱进。另一方面,职业教育也不能摒弃德育的部分,在进行专业教育的同时也要强调道德的养成,使学生树立正确的劳动价值观,传承和弘扬劳动精神、工匠精神、劳模精神。

### (二)劳动教育促进职业教育的发展

新时代的劳动教育是国家繁荣昌盛与长远发展的战略需要,是培养社会主义合格建设者和接班人的现实需要,也是实现人的全面发展的个体需要。从教育的本质出发,劳动教育对职业教育的发展具有积极的促进作用。一方面,劳动教育可以提升职业教育的社会地位。劳动教育是关于劳动的教育,是引导人们正确认知劳动、劳动者、劳动价值的教育。我国一度对职业教育的重视不够,一个重要的原因就在于社会对劳动、劳动者的重视不够、尊重不够,这也是由于劳动教育开展得不好,导致人们对劳动、劳动者、劳动价值的认知出现偏差,进而对职业教育产生误解。一个国家的劳动教育如果得到有效开展,劳动的价值得到充分体现,劳动者得到充分尊重,那职业教育必然受到广泛欢迎、得到高度重视,必将拉平其与普通教育的地位,实现更好的发展。另一方面,劳动教育能够促进职业教育更好地实现立德树人。2020

年9月,教育部等九部门发布的《职业教育提质培优行动计划》对发展职业教育有了新的方向指引。在职业教育发展新的历史起点,要求构建职业教育全员、全过程、全方位"三全育人"新格局。"三全育人"的出发点和落脚点就是"育人"。贯彻落实"三全育人"理念,要坚持落实立德树人的根本任务,坚持育人为本、德育为先的基本原则,遵循思想政治工作规律、遵循教书育人规律、遵循学生成长规律,培养社会发展、知识积累、文化传承、国家存续、制度运行所要求的人,促进学生全面发展,成为社会主义建设者和接班人。从"三全育人"的新格局可以看出,职业教育的发展是在劳动教育的基础上有针对性地实现的。新时代劳动教育体系实现全面构建的过程中,立德树人根本任务逐渐凸显,在加快推进社会主义教育现代化进程的同时,也促进了职业教育的发展,把劳动教育融入素质教育、职业知识和职业技能教育的各环节,渗透到学生学习、生活和实践的全过程,对职业教育的发展具有特殊意义。

微课:正心立德,
劳动树人——
劳动对青年品
格的打造

## (三)劳动教育与职业教育相辅相成

劳动是学生习得本领、开创未来、实现梦想、铸就辉煌的光荣路径,培养高素质劳动者和技术技能人才,劳动教育与职业教育二者相辅相成。如果不注重劳动教育,职业教育会变得只有技术没有灵魂,将沦落为纯粹的"技术教育";如果不注重职业教育,劳动教育会变得只有"相框"没有"相片",沦落为单纯的"理论教育"。一方面,劳动教育是职业教育人才培养的应有之义。《国家职业教育改革实施方案》指出,新时代我国职业教育的人才培养目标是为经济社会发展培养高素质劳动者和技术技能人才。可见,劳动教育是职业教育实现人才培养目标之根本。另一方面,职业教育是劳动教育的载体。首先,职业教育秉承马克思主义劳动观,实现劳动教育的价值观引领。职业教育的根本属性是价值引领性,从马克思主义劳动观出发,实现智育与德育的结合,实现教育与生产劳动相结合,从而实现人的全面发展,最终实现劳动教育的价值观引领。其次,职业教育通过融合专业教育实现劳动教育的协同育人。将劳动教育与专业教育和生产实践结合起来,为学生开展劳动教育提供劳动实践和专业实习平台,培养学生的劳动精神,提高学生的职业技能。最后,职业教育积极落实"五育并举"为劳动教育营造良好的育人文化氛围。近年来,国家大力发展职业教育,要求积极落实"五育并举",构筑学校劳动育人文化氛围,推动全社会形成学习劳模、尊重劳模、争当劳模的良好风尚,形成崇尚工匠的社会氛围,不断提高劳动模范和大国工匠的社会地位,让技能报国成为新时代的新风尚。

## 二、劳动教育与职业教育的要求

《意见》对新时代劳动教育做了顶层设计和全面部署,劳动教育作为职业教育人才培养的应有之义,两者在人才培养的要求上具有一致性,具体包括以下两个方面。

### (一)把握政治原则,提高思想认识

加强劳动教育与职业教育首先要学懂弄通习近平总书记关于教育的重要论述,尤其是关于新时代劳动和劳动教育的重要论述,把握教育的政治方向和政治要求。在进行劳动教育与职业教育的过程中,以马克思主义劳动观为思想源泉,吸取中华优秀传统文化精髓,以社会主义核心价值观为价值导向.构建德智体美劳教育体系,为建设新时代高素质高水平人才队伍提供支撑。为此,要积极引导学生树立正确的劳动观,形成崇尚劳动、尊重劳动的认识,明白劳动创造美好生活、劳动不分高低贵贱的道理,树立起崇尚劳动、热爱劳动、辛勤劳动、诚实劳动的劳动精神,成为社会主义事业的合格建设者和接班人。同时,在进行劳动教育与职业教育的过程中,必须实现劳动与教育的结合,不能只有教育而无劳动,或者只有单纯的劳动而无教育,只有将知

识教育与思想政治教育相结合，才能使学生树立正确的劳动观念。现阶段，开设丰富、多元、立体的劳动教育课程是各高等院校的必然趋势，在课程学习中，不仅要加强专业知识与专业技能培养，更应注重知识教育与思想政治教育的有机结合，使学生认同中国特色社会主义和社会主义核心价值观，使学生有强烈的民族认同感和责任感，热爱祖国和民族，从内心深处愿意为国家的发展奉献青春和自我，使学生养成良好的劳动品格，提高思想认识。

### （二）确保身心健康，提升技能水平

马克思在关于人的本质的论述中指出："人的本质并不是单个人所固有的抽象物，在其现实性上，它是一切社会关系的总和。"这说明人作为社会群体的成员，不是孤立存在的，需要处理人与人、人与社会、人与自然之间的关系，而劳动则是处理这些关系的重要纽带。在进行劳动教育的过程中，必须重视学生个体的身心健康，结合职业技能教育，培养学生正确处理各种关系的能力，从而提升其技能水平。新时代的大学生正处于世界观、人生观、价值观不稳定的时期，在这一时期，培养学生尊重他人的品格、培养学生强烈的责任心与爱心是促进其身心健康发展的重要渠道。现阶段，随着科学技术的迅速发展，社会各行各业对技术技能型人才的需求与日俱增，因此，必须不断提高学生的专业技术水平，以适应社会发展对人才的实际需求。一方面，要重视职业硬技能的培养，夯实立生之本。所谓硬技能，是指专业技能，包括熟练掌握专业领域一般仪器设备操作技能，能胜任智能型操作岗位，能及时排除和有效解决操作时出现的各种故障等。对职业院校的学生来说，硬技能是能力培养的关键一环。另一方面，要培养综合创新能力。在人才培养中应将综合能力与创新能力贯穿于学生的学习和生活实践中。鼓励学生积极参与日常理论课程和科学实践活动，灵活运用所学理论知识，突破传统思维，培养创新思维能力，加强综合创新能力，从而提升技能水平。

### 三、两种教育对培养高素质技术技能人才的作用

劳动教育侧重劳动价值观教育,着重解决劳动认识等主观方面的问题。职业教育侧重职业技能教育,着重解决劳动能力等客观方面的问题。二者对高素质技术技能人才的培养都具有重要作用。

#### (一)劳动教育对培养高素质技术技能人才的作用

对高职院校而言,培养技能型人才不仅要践行职业劳动,更要在践行职业劳动过程中发挥教育的重要作用,将劳动者的劳动与教育结合起来,把教育同物质生产结合起来。我国的劳动教育是在马克思劳动教育思想基础上发展起来的。马克思劳动教育思想强调的是教育与生产劳动相结合,因此,劳动者的劳动和教育相结合就成为一种必然趋势,劳动教育对技能型人才的培养具有重要意义。

当前人们对劳动教育有以下两种错识理解:一种是许多人将劳动、劳动教育等同于某些具体的劳动技能的学习,忘记培育学生劳动价值观,忘记使学生热爱劳动、热爱劳动人民是劳动教育应有的核心或本质目标;另一种是一部分人将劳动的概念狭隘地等同于体力劳动,劳动教育也就被等同于参与简单的体力劳动。这样,劳动教育就成为与脑力劳动、日常学习生活无关的额外学习项目而在心理上遭人排斥。对高职学生进行劳动教育,要努力构建经典的、独特的、严密的、专业的知识和技能结构,引导学生掌握基础的劳动知识,遵循科学的劳动流程和劳动规范,认识和使用劳动工具,学习处理劳动材料,练习和掌握劳动技能,学习使用项目管理与经营方法,并尝试技术改革创新,最终培养出具有高素质、高能力、高水平的创新创业人才。

#### (二)职业教育对培养高素质技术技能人才的作用

职业教育主要围绕职业劳动基本能力的培养而展开,其主要目的

是培养与职业相匹配的技术技能型人才。因此,职业劳动对技术技能型人才的培养有着重要意义。

职业劳动是职业教育的逻辑起点之一。职业是劳动的载体,职业的产生是劳动发展的结果,职业劳动属性是职业教育实施的特有属性。在人类的历史发展过程中,随着手工业的出现,产生了一大批工匠,人类为了生存和发展,需要传承农业生产与专门化工匠的职业劳动经验和技艺,这就决定了人类最早的教育形态具有职业劳动教育的属性。职业劳动最初是纯粹满足生存需要的农业生产劳动,后来是以获取商品价值与利润为特定目标的工业生产劳动,再到如今是以科技为主的适应现代化生产需要的智能制造劳动;职业劳动的传承方式也从家传和师傅带徒弟的方式(学徒制)发展为近现代产教融合、工学结合、校企合作等现代学徒制方式。职业劳动要素是职业教育课程的主要内容。职业教育通过课程实施使学生掌握职业劳动知识,掌握熟练的职业劳动技能,完成特定职业准备。职业教育的专业设置与课程内容的变迁情况,是职业劳动对象调整与变换的体现,是对职业教育改革与社会经济发展之间的互动情况的反映。职业劳动的过程、场域、环境、产品等的时代性变革,对职业教育课程有关的岗位适应能力、创业就业能力也提出了新的要求。因此,职业劳动与职业教育形成了密切的互动和制约关系。

## 第三节　职业院校开展劳动教育的双重任务

长期以来,各地区各学校坚持教育与生产劳动相结合,在实践育人方面取得了一定的成效。进入新时代,针对高职院校的特点,开展劳动教育不仅要注重教育性、主体性、实践性,更要认清开展劳动教育的双重任务。一方面,要立德树人,培养社会主义事业的建设者和接班人;另一方面,要精准育人,培养技能创新型人才。

## 一、培养社会主义事业的建设者和接班人

我国高校（包含高职院校）肩负着培养社会主义事业建设者和接班人的重大任务，肩负着"为人民服务、为中国共产党治国理政服务、为巩固和发展中国特色社会主义制度服务、为改革开放和社会主义现代化建设服务"的神圣使命，其培养的人才就应该有正确的世界观、人生观、价值观，包括正确的事业观、审美观和劳动观等。新时代加强劳动教育，是构建德智体美劳全面发展的教育体系、形成更高水平的人才培养体系的必然要求。

高职院校开展劳动教育，目的是立德树人，培养社会主义事业的建设者和接班人，培养学生基本的劳动能力、正确的劳动观念、积极的劳动精神和优良的劳动品质。这不仅是坚持社会主义办学方向、建设中国特色教育事业的根本要求，也是社会主义教育性质的具体体现。新中国成立不久，劳动教育就已成为我国重要的教育方针，它与德育、智育、体育相结合，旨在培养有社会主义觉悟和有文化的劳动者。党的十八大以来，习近平总书记多次提及劳动在促进人的成长和社会发展、创造美好生活等方面的独特作用，提出崇尚劳动、尊重普通劳动者的社会性要求，要求学生"爱祖国、爱学习、爱劳动"。在 2018 年的全国教育大会上，习近平总书记更是站在实现中华民族伟大复兴的战略高度，把劳动教育纳入培养社会主义建设者和接班人的总体要求之中，纳入"爱祖国、爱人民、爱劳动、爱科学、爱社会主义"的范畴。教育部提出，实施劳动教育首先要"摆准位子"，要在德智体美劳五育并举的人才培养体系中，准确把握新时代劳动教育的丰富内涵和重大意义。

## 二、培养技能创新型人才

习近平总书记强调，要培养创新型人才，这是对马克思所强调的

发挥劳动者主体性和能动性的当代阐释。不论是科技创新还是劳动创新，归根结底都要靠人，特别是靠具有创新能力的千千万万劳动者来实现。习近平总书记指出，"面对日趋激烈的国际竞争，一个国家的发展能否抢占先机、赢得主动，越来越取决于国民素质特别是广大劳动者素质""广大知识分子要增强创新意识……要坚持面向经济社会发展主战场、面向人民群众新需求，让创新成果更多更快地造福社会、造福人民"。让"创新创造"成为劳动者的自身追求，就必须要把握好和实现好广大劳动者的根本利益，激发劳动者的创造潜能，充分调动劳动者的生产积极性和创新积极性。只有加快对创新型人才的培养，才能实现创新劳动，实现经济社会转型升级，促进经济社会持续健康发展。

高职院校开展劳动教育，目的是精准育人，培养技能创新型人才。提升高职学生的实践能力，激发创新意识，培养其艰苦创业精神，端正就业态度。在高职院校中开展劳动教育，增强高职学生的实践锻炼能力，鼓励他们在实践中创造性地解决问题，有助于培养学生的创新意识，增强其创新能力。这正是"劳动就是创造，创造必须劳动"的真实写照。随着国家经济的发展和社会的不断进步以及高等教育的大众化，高职学生就业难的现象越来越突出。究其原因，很大程度上是因为高职学生在就业过程中所表现出的劳动观和就业观失之偏颇。当前学校已开设的"职业生涯规划""就业指导""职业形象设计"等课程，可引导高职学生对定位过高、自卑、盲从、攀比等错误心态进行积极的自我调适。然而，要从根本上改变高职学生在就业过程中表现出的重金钱、重实惠、轻实干、轻精神的功利主义、实用主义和个人主义倾向，则必须加强高职院校劳动教育，引导高职学生树立正确的劳动观念，培养"敬业、精益、专注、创新"的职业精神，使毕业生各就其位、各尽其才，成为技能创新型人才，积极适应新时代社会各行各业的人才需求。

微课：为谁培养人？——科学家们的劳动故事

近年来,有些家长"望子成龙、望女成凤"的心理导致孩子不会劳动,不知道什么是劳动。比如,为了让孩子有更多的时间学习,不让孩子接触家务劳动,把孩子必要的劳动包括自我服务性劳动全包干,剥夺了孩子劳动的机会。这就导致越来越多的孩子形成"衣来伸手、饭来张口"的习惯,久而久之,劳动意识就逐渐淡薄,孩子也丧失了基本的劳动本能。

据中国材料科学泰斗、高温合金之父师昌绪回忆,学会劳动是其最大的收获。师昌绪1920年11月15日生于河北省徐水县(现河北省保定市徐水区)的一个书香门第家庭。小学毕业后考入保定师范学校(保定二师),该校除了有较高教学水准外,还强调生产劳动教育,这对师昌绪日后形成艰苦朴素与热爱劳动的品格有很大影响。当时,保定师范学校实行劳动教育,让学生真正地下地干活。在此期间,师昌绪学会了育种、给梨树剪枝、耕地等,他认为在后来的学习和科学研究中坚持的一些原则,就是得益于这一时期劳动教育的熏陶。

**思考:**

看了师昌绪的例子,对比现在孩子劳动观念与劳动意识淡薄的问题,你是如何看待劳动教育的?

# 第三章

# 提升劳动素养

## 知识导航

　　劳动素养是学生在长期劳动教育与实践过程中逐步形成的,是适应个人终身发展和社会发展需要的价值观、必备品格和关键能力的综合表现。离开劳动,不可能有真正的教育。只有将劳动教育与"德智体美"五育并举,强化劳动意识和实践,才能更好地树立劳动最光荣、劳动最崇高、劳动最伟大、劳动最美丽的价值观念。

　　职业教育以培养应用型、实践性人才为目标,在职业教育中加强劳动教育意义重大。在高职院校中开展劳动教育,不仅仅是传授给学生专业知识和培养学生的专业技能,而且是全面提高学生的劳动素养,帮助学生树立正确的劳动价值观、端正劳动态度、提升劳动保障意识,使学生在热爱劳动、艰苦奋斗的同时,也能维护自身合法权益,做全面发展的社会主义建设者和接班人。

## 劳动箴言

　　素质是立身之基,技能是立业之本。

——习近平

## "钢铁裁缝"费海涛

费海涛,1975年出生,1993年技校毕业,进入国电阳宗海发电有限公司工作。参加工作后,费海涛由热动专业改行当了焊工。他每天面对烟雾、火花,那些飞溅的火花看上去非常漂亮,但掉到衣服上就是一个洞,掉到皮肤上就是一块伤疤。但既然当了焊工,就必须干好!坚定信念的费海涛明白,只有苦练技术、缩短差距,才能在关键时刻派上用场。用行业的话说,一个高压焊工,是数以吨计的焊条和数以吨计的练习铁板堆积而成的。为了掌握更多材料的焊接工艺,费海涛常常泡在操作间里,一练就是一整天。一个月穿坏3套工作服,体重减了10公斤,每天从早晨七点到晚上11点,他都在工位上不停地焊接、不停地练习。

在费海涛看来,伤疤是焊工的勋章,伤疤越多,意味着你的付出越多。正是因为付出了比别人多几倍甚至几十倍的努力,费海涛先后荣获云南省焊接状元、电焊工高级技师称号,并在全省、全国的焊接比赛中频频获奖。

作为一名共产党员,他总是把最难最苦的留给自己,把责任和担当落实在攻坚克难保发电的工作中。2011年冬天,费海涛患上了面瘫,半边脸神经麻痹,嘴不能动、眼不能闭。正在住院治疗的他,得知公司2号锅炉发生爆管,作为电焊班班长,他二话不说,立即从医院赶往事故现场。眼睛无法闭合,还得紧盯着电焊弧,费海涛一直在流眼泪,他靠着强大的毅力支撑,连续三天奋战在抢修一线,实在困了就在平台上躺一下,带病圆满完成抢修任务。他觉得,自己的设备、自己管的事情还没有完成,就把这个责任交给其他人,就算在医院里面躺着,内心也是不安定的。党员要比群众更有担当,千万别让群众瞧不起。

在一些比较重要的焊缝旁,费海涛都会印上工号,这不仅是行业要求,在他看来,自己的工作要接受监督,这也是一份沉甸甸的责任。他说:"我是一个手艺人,我要对得起我这份手艺,对得起我的这份工作,我要把我经手的每一件事情做好、做到极致。"

勤学苦练成就高超技艺,一丝不苟保障万家灯火,在二十多年的职生涯中,费海涛不断追求技术的巅峰,履行职责、忘我工作,用责任和担当践行工匠精神,折射出一代技术工人无私奉献的高贵品质。

# 树立正确的劳动价值观

新时代对大学生劳动教育提出了更高的要求,大学生劳动教育的核心在于劳动价值观的构建与塑造。只有增强当代大学生劳动价值观的感染力、穿透力、凝聚力,劳动教育才会有成效。

## 一、习近平关于劳动的重要论述

习近平总书记强调,必须牢固树立劳动最光荣、劳动最崇高、劳动最伟大、劳动最美丽的观念,让全体人民进一步焕发劳动热情,释放创造潜能,通过劳动创造更加美好的生活。树立正确的劳动观就是要在全社会倡导尊重劳动、热爱劳动、积极劳动的理念,从而在全社会形成良好的氛围和局面,为实现中华民族伟大复兴提供精神动力。

习近平总书记一直尊重劳动、关心劳动者。党的十八大以来,站在新的历史方位下,习近平关于劳动的重要论述继承、发扬了马克思主义劳动观,并结合了新时期的特点和问题,胸怀两个大局,提出要"以劳动托起中国梦",诚实劳动、开拓创新,以实干兴邦,以实干圆梦。习近平关于劳动的重要论述既是对中华文明中勤劳肯干的传统美德的继承,也是基于新时代特征对马克思主义劳动观的中国化创新,更是对当下社会发展问题的回应和解答。

### (一)习近平关于劳动重要性的论述

劳动是推动人类社会进步的根本力量,是一切成功的必经之路。习近平指出:"我们的根扎在劳动人民之中。在我们社会主义国家,一切劳动,无论是体力劳动还是脑力劳动,都值得尊重和鼓励;一切创造,无论是个人创造还是集体创造,也都值得尊重和鼓励。全社会都要贯彻尊重劳动、尊重知识、尊重人才、尊重创造的重大方针,全社会都要以辛勤劳动为荣、以好逸恶劳为耻，任何时候任何人都不能看不起普通劳动者，都不能贪图不劳而获的生活。""中华民族是勤于劳动、善于创造的民族。正是因为劳动创造，我们拥有了历史的辉煌；也正是因为劳动创造，我们拥有了今天的成就。""全面建成小康社会，进而建成富强民主文明和谐的社会主义现代化国家，根本上靠劳动、靠劳动者创造。"①

## （二）习近平关于劳动权益的论述

劳动者权益问题一直是习近平总书记关注的焦点。当前，我国正处于全面深化改革的关键时期，经济关系、劳动关系日益多样化，只有妥善处理好劳动关系中的新情况、新问题，才能真正实现体面劳动。2011 年，习近平就指出："构建和谐劳动关系，是建设社会主义和谐社会的重要基础，是增强党的执政基础、巩固党的执政地位的必然要求，是坚持中国特色社会主义道路、贯彻中国特色社会主义理论体系、完善中国特色社会主义制度的重要组成部分，其经济、政治、社会意义十分重大而深远。""构建中国特色和谐劳动关系，要坚持以人为本，把解决广大职工最关心、最直接、最现实的利益问题，实现好、维护好、发展好他们的根本权益，切实维护他们的经济权益、政治权益、文化权益、社会权益，作为构建和谐劳动关系的根本出发点和落脚点。"②

党的十八大以来，以习近平同志为核心的党中央就一直将保护劳动者权益、提高劳动者的待遇和福利作为重点的工作内容之一，提出"要坚持以人民为中心的发展思想，维护好工人阶级和广大劳动群众合法权益，解决好就业、教育、社保、医疗、住房、养老、食品安全、生产安全、生态环境、社会治安等问题，不断提升工人阶级和广大劳动群众的获得感、幸福感、安全感"③。通过多项政策的扶持和落地，努力构建

---

① 习近平在庆祝"五一"国际劳动节暨表彰全国劳动模范和先进工作者大会上的讲话 . 2015-4-28.
② 习近平在全国构建和谐劳动关系先进表彰暨经验交流会上的讲话 . 2011-8-15.
③ 习近平在全国劳动模范和先进工作者表彰大会上的讲话 . 2020-11-24.

和谐的劳动关系,充分发挥广大劳动者的积极性、主动性、创造性,充分发挥工人阶级和广大劳动群众主力军作用,推进中国特色社会主义事业的发展和前进。

### (三)习近平关于劳动幸福的论述

劳动创造幸福是习近平总书记对劳动的重要论述之一。习近平总书记阐述了劳动与幸福之间的相关性。幸福具有社会历史性,不同历史时期的幸福有着不同的内涵。习近平总书记继承了马克思主义关于劳动幸福相关理论的精髓,立足于时代发展大势,坚持具体问题具体分析,对劳动创造幸福这一重要议题进行了时代性考量。劳动创造幸福体现的是劳动过程中的劳动所获与人的幸福追求、劳动期待的一致性。劳动是幸福的重要来源,幸福是延续劳动的内在支撑,劳动所获与幸福追求应当一致。一方面,习近平总书记认为劳动的过程就是创造幸福的过程,但这个过程不是一蹴而就的,幸福是靠一点一滴的劳动创造而来的,只有依靠劳动与奋斗,精神世界才会更加丰富;另一方面,习近平总书记提出了实现劳动者的体面劳动、鼓励劳动者进行创造性劳动和构建和谐劳动关系是实现幸福的有效途径。

### (四)习近平关于劳动精神的论述

习近平总书记多次高度评价劳动模范人物,并倡导全社会要向劳动模范学习。在 2020 年 11 月 24 日全国劳动模范和先进工作者表彰大会上,习近平总书记指出,劳动模范是民族的精英、人民的楷模,是共和国的功臣,他们在平凡的岗位上创造了不平凡的业绩,以实际行动诠释了中国人民具有的伟大创造精神、伟大奋斗精神、伟大团结精神、伟大梦想精神。在新形势下,我国工人阶级和广大劳动群众要继续学先进赶先进,自觉践行社会主义核心价值观,用劳动模范和先进工作者的崇高精神和高尚品格鞭策自己,焕发劳动热情,厚植工匠文化,恪守职业道德,将辛勤劳动、诚实劳动、创造性劳动作为自觉行为。并且,劳动模范和先进工作者不仅自己要做好工作,而且要身体力行向全社会传播劳动精神和劳动观念,让勤奋做事、勤勉为人、勤劳致富在全社会蔚然成风。

## （五）习近平关于劳动者素质的论述

劳动者素质对一个国家、一个民族的发展至关重要。当今世界,综合国力的竞争归根到底是人才的竞争、劳动者素质的竞争。我们正处在一个深刻变革的时代,中国经济也正努力从"中国制造"向"中国创造"转型,在这样的社会背景下,习近平总书记多次在讲话中提到,要重视劳动教育,提高劳动者素质,努力发展创新劳动、创造性劳动,建设高素质劳动大军。

在 2015 年庆祝"五一"国际劳动节暨表彰全国劳动模范和先进工作者大会上,习近平多次提到了"创造"。他谈道,要"让劳动光荣、创造伟大成为铿锵的时代强音",要"教育孩子们从小热爱劳动、热爱创造,通过劳动和创造播种希望、收获果实",要"把蕴藏于工人阶级和广大劳动群众中的无穷创造活力焕发出来"。他还谈道:"我们要始终高度重视提高劳动者素质,培养宏大的高素质劳动者大军……劳动者的知识和才能积累越多,创造能力就越大。提高包括广大劳动者在内的全民族文明素质,是民族发展的长远大计……要实施职工素质建设工程,推动建设宏大的知识型、技术型、创新型劳动者大军。"为此,"我们一定要深入实施科教兴国战略、人才强国战略、创新驱动发展战略,把提高职工队伍整体素质作为一项战略任务抓紧抓好,帮助职工学习新知识、掌握新技能、增长新本领,拓展广大职工和劳动者成长成才空间,引导广大职工和劳动者树立终身学习理念,不断提高思想道德素质和科学文化素质。"[①]

---

① 习近平在庆祝"五一"国际劳动节暨表彰全国劳动模范和先进工作者大会上的讲话 . 2015-4-28.

习近平总书记对孩子们说："生活靠劳动创造，人生也靠劳动创造。你们从小就要树立劳动光荣的观念，自己的事自己做，他人的事帮着做，公益的事争着做，通过劳动播种希望、收获果实，也通过磨炼意志、锻炼自己。"①

微课：习近平在梁家河的劳动故事

## 二、树立正确劳动观的重要意义

高职院校学生是未来中国创造的重要力量，因此，让高职院校学生树立正确的劳动观念，意义极其重大。

我们所处的时代是催人奋进的伟大时代，我们进行的事业是前无古人的伟大事业，我们完成了全面建成小康社会的第一个百年奋斗目标，正向把我国建设成为富强民主文明和谐美丽的社会主义现代化强国的第二个百年奋斗目标奋进。实现伟大梦想，需要伟大斗争、伟大工程、伟大事业，要依靠劳动、依靠劳动者创造。作为当代高职院校大学生，"中国制造2025""2035年远景目标"、社会主义现代化国家的发展和建设都需要我们投身其中，我们始终要崇尚劳动、尊重劳动者，树立劳动最光荣、劳动最崇高、劳动最伟大、劳动最美丽的新时代劳动观。

### （一）有助于树立正确的人生观和价值观

劳动是社会发展的基本条件，是人类赖以生存、发展的决定性力量。正确的劳动观，有利于我们真正认识劳动创造人类社会的本源性价值。正确的劳动观，告诉我们热爱劳动、尊重劳动，激发学习热情和创新精神，劳动是生命意义和生命价值实现的唯一途径，劳动是财富的源泉，劳动是幸福的过程。

各行各业的劳动者在自己的岗位上默默付出、敬业奉献，用智慧

---

① 习近平在同全国各族少年儿童代表共庆"六一"国际儿童节时的讲话.2013-5-29.

和汗水、甚至鲜血和生命，为国家富强、民族振兴、人民幸福书写了一段段可歌可泣的壮丽篇章，以实际行动诠释着伟大出自平凡。

大学生在树立科学的劳动观时，要坚持劳动最光荣的观点，认清劳动的意义和本质，崇尚劳动、热爱劳动，以辛勤劳动为荣、以好逸恶劳为耻，吃苦在前、享受在后，珍惜自己和他人的劳动成果。躬身实践，勇挑重担，锐意进取，知行合一，在劳动中锤炼本领，在劳动中彰显担当，做新时代的实干家。

## （二）有助于形成积极向上的就业观和创业观

近年来部分大学毕业生在就业、择业过程中，存在着不愿意就业、眼光过高、频繁跳槽换岗等问题，其中的一个重要原因就是劳动观问题。正确的劳动观，能够帮助正确认识社会劳动分工的本质，建立劳动平等观，促进积极就业；正确的劳动观，能够培养劳动者优良的品质，实现积极就业；正确的劳动观，能够培养劳动者吃苦耐劳的劳动精神和创新精神。

就业创业是最基本的劳动形式，这是因为就业创业创造了人类和人类社会财富，继而产生了人类社会赖以生存和发展的基础。除此之外，在就业（创业）的过程中还产生了人与人之间的最基本的劳动关系，而人的本质即为一切社会关系的总和。所以，离开了就业创业，人与人之间的社会关系就会消失，人也丧失其本质属性，人将无法生存，人类社会也将不复存在。就业创业是人们社会关系形成和发展的基础之一，是人类生活存在和发展的第一个基础条件。就业创业是崇高的，有了工作才有了人类创造出来的物质和精神的财富，才有了今天幸福的生活和发展的成就。

大学生正处在风华正茂、朝气蓬勃的时期，站在"两个一百年"奋斗目标的历史交汇期，要坚定理想信念，树立劳动最崇高的观念，遵守职业规范，培育高尚品格，练就过硬本领，勇于创新创造，矢志艰苦奋斗，接过先辈们手中的接力棒，通过艰辛的劳动实现中华民族伟大复兴的中国梦,用实干为中国特色社会主义事业增色,做新时代的奋进者。

### (三)有助于促进人的全面发展

学生的全面发展对实现中华民族伟大复兴的中国梦有着重要作用。合格的社会主义建设者和接班人是"以劳动实现中国梦"的主体力量,其既应该是辛勤的劳动者,也应该是敬业的劳动者,更应该是创造性的劳动者。树立正确的劳动观,有利于我们在劳动中不断学习、增强体魄、磨炼意志、提升人格品质,实现以劳树德、以劳增智、以劳健体、以劳育美的目标。

积极开展劳动教育,是教育理念和教育实践的巨大进步,是更加注重人的全面发展的重要体现。现代社会生产要求劳动者全面发展,也只有全面发展的劳动者才能担负起现代社会的大生产,这是现代社会生产的客观规律。我们所需要的不是只会想不会做、只知学不知勤的"书生",我们需要的是德智体美劳全面发展的高素养人才。为促进人的全面发展,应该强调:在系统的文化知识学习之外,还要让学生动手实践、出力流汗,接受锻炼、磨炼意志,培养学生正确劳动价值观和良好劳动品质。以体力劳动为主,注意手脑并用,强化实践体验,让学生亲历劳动过程,提升育人实效性。这样,通过实践的策略,落实教育与劳动相结合的要求,在实践中对学生进行全面培养。

## 三、如何树立正确的劳动价值观

劳动价值观是马克思主义的重要内容。人类在劳动过程中,一方面通过行为方式与思维方式的变换来形成信息,通过价值判断与价值评价来选择信息,并通过经验和能力等方式来贮存和传播信息;另一方面通过建立、发展和完善各种形式的扩展耗散结构(生活资料、生产资料、社会关系、自然环境等)来形成信息,通过价值判断与价值评价来选择信息,并通过科学与技术等方式来贮存和传播信息。

热爱劳动历来是中华民族的传统美德。从传说中的盘古开天辟地以来,是劳动,让人们从结绳记事、钻木取火的时代走向了现代文明,走向了富足。勤劳智慧的中华儿女用辛勤的劳动创造了五千年的璀璨历史。吴玉章先生对劳动有这样的理解:"春蚕到死丝方尽,人至期颐亦不休。一息尚存须努力,留作青年好范畴。"马克思指出:"任何一个民族,如果停止了劳动,不用说一年,就是几个星期也要灭亡。"大发明家爱迪生说过:"世界上没有一种具有真正价值的东西,可以不经过艰苦辛勤的劳动而能够得到。"由此我们可以看出,是劳动,创造了历史;是劳动,改变了世界。

劳动价值观与人生观、世界观是一脉相承的。人生观、世界观虽然看不见摸不着,但在工作或生活中都会有所表现,而这种表现的过程大都是劳动的过程。从这个意义上讲,人生观、世界观决定着劳动价值观,劳动价值观生动地反映着人生观、世界观。一个人只有树立了正确的劳动价值观,才能自觉强化"劳动最光荣"的意识,用双手和智慧去创造人生,实现自己的理想,并对人生观、世界观的形成起到积极的作用。

## （一）正视自己的劳动岗位

劳动的一个重要特性就是平等性,劳动虽然有分工、专业、条件和环境等诸多方面的差别,但就劳动本身而言,是没有高低贵贱之别的。在实际工作中,有些人对这个问题还存在不正确的认识。比如,有的人把劳动分为三六九等,用条件和待遇来衡量和评判自己的岗位,条件艰苦些就向组织要待遇,对上级讲条件,甚至在工作面前拈轻怕重,在任务面前挑三拣四。要看到,今天在我们社会主义大家庭里,不管是从事体力劳动,还是从事脑力劳动,不管是从事简单工作,还是从事复杂工作,也不管是从事重要工作,还是从事一般性工作,都是在推动全面建设社会主义现代化国家,其性质都是一样的,其地位都是平等的。只有理解了这一点,才能客观地看待自己的劳动岗位,树立"我是党的一块砖,哪里需要哪里搬"的意识,愉快地服从组织分配的任何工作,在本职岗位上建功立业,用辛勤劳动实现"我的梦",进而助推"中国梦"的早日实现。

### (二)尊重普通劳动者

第一,要从思想上尊重普通劳动者。习近平总书记在2015年庆祝"五一"国际劳动节暨表彰全国劳动模范和先进工作者大会上发表了重要讲话,充分肯定了工人阶级和广大劳动群众在中国特色社会主义伟大事业中的重要地位和作用,强调了推进"四个全面"战略布局,必须充分调动广大群众的积极性、主动性、创造性。

第二,要从行动上尊重普通劳动者。对劳动和劳动者的尊重,最重要的是体现于日常行动中。劳动光荣的理念,需要内化于心、外践于行。比如,走在大街上,对辛劳的环卫工人多些尊重,不要乱扔垃圾;在社会生活中,对服务员的工作,请报以微笑与理解。这不仅是对个人素养的要求,也是社会文明的要求。

### (三)充分认清劳动与财富之间的关系

劳动创造着财富,财富也体现着劳动的价值。人们往往把劳动创造财富单纯地理解为创造物质财富,简单地把获取物质利益的多少看成是衡量劳动价值的唯一标准。这种思想很容易扭曲劳动观,甚至使人陷入拜金主义的泥坑难以自拔。仅从劳动的定义就可以看出,劳动不但创造着有形的物质财富,也在创造着无形的精神财富,劳动在丰富物质生活的同时,也在塑造着劳动者的精神世界。正确的劳动观——既重视物质财富的产出,又重视精神财富的产出;既重视物质上的回报,又重视精神上的满足。个人立场上,追求物质财富无可厚非,但作为新时代的大学生,更应立足大局,把国家利益放在首位。树立正确的劳动观,就应该把国家利益和人民利益举过头顶,以集体利益为重,自觉强化奉献意识,用辛勤劳动书写报效祖国的忠诚。树立正确的劳动观,不是一时之功,而是要在长久的实践中积淀而成,经受千锤百炼,战胜各种诱惑,克服各种困难。树立正确的劳动观,需要教育和引导,更需要自觉行动,从我做起,从现在做起。

**第二节** **端正劳动态度**

树立尊重劳动、热爱劳动的态度,是大学生认识和践行辛勤劳动、诚实劳动、创造性劳动的基础和关键。新时代大学生要以劳动为荣,与一切轻视劳动、歧视劳动者的观念和行为决裂,要坚决反对好逸恶劳、不劳而获的思想和行为。从今天的勤学实干做起,从眼前的一点一滴做起,于劳动中探索积极的人生意义。

## 一、崇尚劳动　热爱劳动

崇尚劳动是中华民族自古以来的优良传统,从古代的大禹治水到如今的中国梦,中华民族历经五千年文明的发展历史,辛勤劳动的思想不断发展丰富。进入新时代,习近平总书记提出,大家要"撸起袖子加油干",新时代的中国青年要"不负时代,不负韶华"。这些都是在告诉每一位追逐梦想的青年人,要想实现梦想,就必须热爱劳动。

### (一)热爱劳动

劳动是人类世界最重要的活动,也是最通用的语言。热爱劳动是可贵的个性品质,是创造社会财富、社会发展进步的内生动力。当人处于较低需求层次时,劳动是为了活下去并获得生活资料;当人处于中等需求的层次时,活着已不是问题,劳动是为了活得更舒服;而当人处于较高需求层次时,劳动是为了体现自己的价值。

"宝剑锋从磨砺出,梅花香自苦寒来。"只有热爱劳动,具有勤劳勇敢、艰苦奋斗、自强不息的优良品质,才能更好地历练和成长;只有热爱劳动、艰苦奋斗,我们的民族、社会才会不断发展和前进,才能迈向一个又一个新的、更高的台阶。

### (二)终身劳动

从某种意义上说,人类社会的历史就是一部人类在劳动中不断发展与创新的历史。千百年来,人类社会从蛮荒时代进化到文明时代,依靠的就是辛勤劳动和开拓创新。在物质领域,从穴居野处到高楼大厦,从茹毛饮血到营养均衡,从木棍石斧到机械电力,从刻木为舟到万吨巨轮,从结绳记事到计算机,不知道经历了多少亿万次的革新和创新;在精神领域,从象形文字所记录的历史片段,到自然科学、社会科学、人文科学领域宏伟丰富的知识成果,都是脑力劳动者在前人文化成果的基础上,一代又一代地积累起来的。

有劳动就有希望,有希望就有追求,有追求就有梦想,有梦想就有未来。正是一代又一代中国人的终身劳动孕育了中国梦,伟大而光荣的劳动孕育着伟大而光荣的梦想。空谈误国,实干兴邦,在中华民族的圆梦征程上,需要我们每一个中华儿女为之不懈努力奋斗。

作为青年学生,在成长过程中,要树立热爱劳动、终身劳动的良好劳动观念,积极参加社会实践和劳动实践,投身祖国建设,肩负起青春的责任。

## 二、尊重劳动　珍惜劳动成果

### (一)尊重劳动

党的十六大报告指出:"必须尊重劳动,尊重知识,尊重人才,尊重创造,这要作为党和国家的一项重大方针在全社会认真贯彻。要尊重和保护一切有益于人民的劳动。不论是体力劳动还是脑力劳动,不论是简单劳动还是复杂劳动,一切为我国社会主义现代化建设作出贡献的劳动,都是光荣的,都应该得到承认和尊重。"这一观点是马克思主义"劳动创造一切"的观点的延伸与发展,因为知识是劳动积累的经验,人才是掌握知识并善于运用知识的人,创造是人才在劳动中迸发的火花。懂得尊重知识、尊重人才、尊重创造首先必须懂得尊重劳动。

尊重劳动、尊重知识、尊重人才、尊重创造是邓小平倡导的"尊重知识、尊重人才"思想的丰富和发展。劳动是人类最基本和最重要的社会实践,是人类社会生存和发展的根本前提。劳动创造了世界,甚至创造了人类本身。尊重知识、尊重人才、尊重创造,与尊重劳动具有内在的、本质上的一致性,是尊重劳动的必然要求,尤其是现代社会劳动的必然要求。劳动贵在创造,没有创造,劳动只能是简单的重复。创造也离不开劳动,没有劳动,创造就只能是纸上谈兵。尊重劳动和尊重创造,离不开尊重知识和尊重人才。

### (二)珍惜劳动成果

社会是一个大家庭,各行各业相互关联,共同保证了社会的良好运转。所以,人们在社会上无论从事什么职业,只有分工的不同,而没有高低贵贱之分,各行各业劳动者的成果都应该受到人们的尊重。"锄禾日当午,汗滴禾下土,谁知盘中餐,粒粒皆辛苦。"懂得了劳动的艰辛和劳动成果的珍贵,从而尊重劳动者、珍惜劳动成果,也就自然养成了勤俭节约的习惯(图3-1)。

图 3-1
珍惜劳动成果

## 三、杜绝奢侈浪费　崇尚勤俭节约

### (一)树立正确消费观

在互联网快速发展的时代,线上线下双线购买更加提高了消费者的购买力,如今网购平台纷繁复杂,购买二手物品的平台也与日俱增,微信朋友圈、各大手机应用软件都成为人们便利的购物平台。在这种情况下,有些人的消费不再仅仅满足于对物的需要,而开始倾向于对物的价值符号的消费。由此开始出现兴趣消费、冲动消费,更多的是通过购买商品来满足自己的欲望或是虚荣心(图3-2)。

那么,高职院校学生应该如何养成一个好的消费习惯呢? 一是量力而行。没有经济基础的学生,主要靠家庭供养。大学生应懂得父母赚钱不易,所有的消费都应量家庭经济基础之力而为之。二是勿攀比。当今社会一些年轻人虚荣心作祟,容易盲目攀比,冲动购买一些自己不需要又超出自身消费能力的东西,最后给自己和家庭带来很大的压力。三是合理计划消费。建议每个大学生制作一个消费月度表,记录每个月的消费情况。根据过往记录,研究哪些是能够减少消费的,哪些是必须消费的,从而制订计划并执行。建议减少不必要的社交和娱乐消费,更加合理地消费。四是挣钱式消费。大学生可以利用假期打工赚钱,再拿自己劳动赚的钱去消费。从自己赚钱的经历中更容易明白赚钱不易、节制消费的道理。

微课:远离奢侈浪费,警惕消费陷阱

## (二)养成勤俭节约的习惯

勤俭节约是中华民族的传统美德,几千年来祖祖辈辈言传身教延续至今。小到个人、一个家庭,大到一个民族、一个国家,要想长远发展,都离不开"勤俭节约"这四个字。习近平总书记强调,要"大力弘扬中华民族勤俭节约的优秀传统,大力宣传节约光荣、浪费可耻的思想观念,努力使厉行节约、反对浪费在全社会蔚然成风"。引导人们树立正确的生活观、理性的消费观,发扬艰苦奋斗的优良作风,拒绝奢华和浪费,培塑节俭节约的文明风尚,对于建设社会主义现代化国家、实现中华民族伟大复兴的中国梦,具有重要意义。

有这样一个"半截粉笔"的故事。徐特立在湖南第一女子师范学校当校长时,从不用新粉笔,用的都是每天巡视校园捡来的粉笔头。有学生觉得他太"小气",为什么要爱惜没有多大用处的半截粉笔?徐特立的回答是,积少成多,集小成大,也可以节省一点办公费用。为此,他特意写了一首诗教育学生:"半截粉笔犹爱惜,公家物件总宜珍。诸生不解余衷曲,反谓余为算细人。"做这样的"算细人",在今天依然具有重要的启示意义。勤俭节约是中华民族的美德,也是我们党的光荣传统。不论公私,物件都宜珍惜爱护,因为它们都是劳动人民的创造。只有精打细算、充分利用,才能用更小的成本办更多的事情,实现高效发展、绿色发展。更进一步讲,要让勤俭节约成为自觉行动,必须将其落实在日常生活中,落实在青年大学生的品德养成中,从小处着手,重习惯养成,才能让勤俭节约的精神永远散发光芒。

有人说:"节约与勤勉是人类两个名医。"节俭惜物不仅是一种"待物之德",也是一种惜物谨身、惕厉自儆的精神修养之道。如果一个人自小养成艰苦朴素、勤俭节约的生活习惯,就会懂得自我约束、知道感恩馈赠,就能在人格方面不断丰满,在精神层面不断强健,从而练就吃苦耐劳、不屈不挠的意志品质,成为一个敢于直面任何困难、迎接任何挑战的人。静以修身,俭以养德。青少年自小树立"浪费可耻、节约光荣"的理念,从思想认识上深化,在行为习惯中养成,无论对个人成长还是对良好社会风尚形成,都大有裨益。

## 第三节　　提升劳动保障意识

劳动保障是指为保护劳动者的基本权益所采取的一切措施和行为的总和。劳动保障制度的目的就是保障劳动者的合法权益,其功能是保证劳动者的职业安全,从而保证劳动者及其家庭生活稳定,社会安定,保证整个社会的经济发展和社会进步。

## 一、依法劳动

依法劳动是指劳动者依照法律法规开展一切劳动。劳动法是民法的一个分支,1994 年,《中华人民共和国劳动法》(以下简称《劳动法》)正式颁布,中国特色的劳动法律制度开始进入新的历史阶段。2007 年第十届全国人民代表大会常务委员会第二十八次会议通过了《中华人民共和国劳动合同法》(以下简称《劳动合同法》)。同年,第十届全国人大常委会第三十一次会议,又通过了《中华人民共和国劳动争议调解仲裁法》。至此,我国调整劳动关系的立法工作全面展开,并随着社会发展而修订,逐步完善了我国的劳动法律体系。2020 年 5 月 28 日,第十三届全国人民代表大会第三次会议通过了《中华人民共和国民法典》(以下简称《民法典》),这是中华人民共和国第一部以法典命名的法律,被称为"社会生活的百科全书"。《民法典》(图 3-3)是民事权利的保障书,其中保障了劳动合同的相关权益。

图 3-3
《民法典》

随着依法治国观念的不断强化和深入人心,我国劳动用工制度经历了深刻变革,劳动法律制度的不断完善,对于进一步明确劳动合同双方当事人的权利和义务、保护劳动者的合法权益、构建和发展和谐稳定的劳动关系具有重要意义。高职院校学生作为未来的劳动者,应准确理解与劳动相关的法律规定,为未来走上工作岗位、依法维护自身权利做好准备。

微课:保障职业院校学生勤工助学及实习期劳动权益(上)

## (一)劳动法律法规

《中华人民共和国宪法》规定,中华人民共和国的公民有劳动的权利和义务,劳动是一切有劳动能力的公民的光荣职责。《劳动法》规定:劳动者享有平等就业和选择职业的权利、取得劳动报酬的权利、休息休假的权利、获得劳动安全卫生保护的权利、接受职业技能培训的权利、享受社会保险和福利的权利、提请劳动争议处理的权利以及法律规定的其他劳动权利。此外,《劳动法》还规定:劳动者应当完成劳动任务,提高职业技能,执行劳动安全卫生规程,遵守劳动纪律和职业道德。

## (二)劳动合同

劳动合同是指劳动者与用人单位之间确立劳动关系、明确双方权利义务而订立的协议。订立和变更劳动合同,应当遵循合法、公平、平等自愿、协商一致、诚实信用的原则,不得违反法律、行政法规的规定。依法订立的劳动合同具有约束力,用人单位与劳动者应当履行劳动合同约定的义务。

《劳动合同法》规定,用人单位与劳动者协商一致,可以解除劳动合同。此条规定适用于"双方协商解除"的情形,即用人单位和劳动者在双方出于自愿,在意思表示一致的情况下,可以协商解除劳动合同。

若由劳动者自愿主动提出解除劳动合同,经用人单位同意,双方达成一致意见的,此种合同解除情形下,劳动者无权享有经济赔偿金;若由用人单位提出解除劳动合同,取得劳动者同意,双方协商一致达成合同解除,此种情形下用人单位应该根据规定支付一定的经济补偿金。

双方协商解除劳动合同与平时我们说的"提前30天申请辞职"最大的不同是:关于劳动合同解除,协商结果一旦达成,劳动者不受时间限制,可以立即离职。但若申请辞职时,用人单位不同意劳动者立即离职,那劳动者还是应该继续在单位工作30天,遵守劳动合同的解除预告期规定,留给单位时间及时安排新人接替工作。30天预告期过后,用人单位无权滞留劳动者。

微课:保障职业院校学生勤工助学及实习期劳动权益(下)

### (三)劳动纠纷处理

劳动纠纷是指劳动关系当事人之间因劳动的权利与义务发生分歧而引起的争议。那么劳动关系当事人是谁呢?劳动关系当事人,一方是劳动者,另一方为用人单位。只要是与在中国境内的企业、个体经济组织建立劳动合同关系的职工和与国家机关、事业组织、社会团体建立劳动合同关系的职工都可以称为劳动者。

我国劳动争议的处理程序为:

第一步,双方自行协商解决。双方通过协商方式自行和解,是当事人应首先争取解决争议的途径。当然协商解决是以双方自愿为基础的,不愿协商或者经过协商不能达成一致,当事人可以选择调解程序或仲裁程序。

第二步,调解程序。当事人可以向本用人单位所在地劳动争议调解委员会申请调解。调解程序是自愿的,只有双方当事人都同意申请调解,调解委员会才能受理该案件;当事人可不经过调解而直接申请仲裁。

第三步,仲裁程序。若经过调解,双方达不成协议,当事人一方或双方可向当地劳动争议仲裁委员会申请仲裁。仲裁程序是强制性的必经程序,也就是说,只要有一方当事人申请仲裁,且符合受案条件,仲裁委员会即予受理;当事人如果要起诉到法院,必须先经过仲裁程序,未经过仲裁程序的劳动争议案件,人民法院将不予受理。

第四步,法院审判程序。当事人如果对仲裁裁决不服,可以向当地基层人民法院起诉。法院审判程序是劳动争议处理的最终程序。

## 二、劳动安全教育及管理

安全是人类生存与发展的永恒主题,是个人生存与发展、家庭和谐与幸福的基础,同时,也是人类文明进步的标志。在劳动过程中,安全与我们息息相关。每个人的心里都有安全观,它反映为人在劳动过程中的自我防护意识、自我行为约束能力、观察预判能力和自我安全技能提升观念。因此,树立安全劳动观,可以有效减少事故发生和人身伤害,降低经济财产损失,更好地推进社会发展进步。

### (一)劳动安全教育

安全意识是安全价值观的基础。安全意识通常体现在人的自我防护方面,安全意识的强弱取决于人们自身责任心的强弱、安全教育程度、劳动经验积累等,经历过事故的人往往具有较高的安全意识。安全行为是安全价值观的体现。行为是意识的外在表现,一个人有什么样的安全意识,就会产生什么样的安全行为。在劳动过程中,可以表现为从业人员对劳动安全权利和义务的执行情况,如安全生产的知情权、检举权、拒绝违章指挥和强令冒险作业、紧急情况下停止作业和紧急撤离、遵章守纪、正确佩戴和使用劳动防护用品(图3-4)、

图 3-4
穿戴劳动防护用品

接受安全教育等。安全技能是安全价值观的保障。安全技能是预判事故风险、预防事故发生和正确应对事物的能力。实践证明安全技能直接关系到劳动者的安全状况，提高安全技能的有效途径，是直接接受安全培训和教育，如电工、焊工、钳工一定要通过技能培训，取得操作证方能上岗作业。

在劳动过程中，所有劳动者都应该履行相应的安全职责和义务，一旦违反了法定义务或契约义务，或不当行使法律权利，造成不利后果，就需承担相应责任。

### （二）劳动安全管理

劳动过程中存在的风险可以分为四个方面：（1）人的不安全行为，指人由于心理或生理因素导致行为、操作等不符合企业规章制度或安全操作规程的要求，可能导致事故的发生。如违章指挥、违章作业、不正确佩戴安全防护用品、擅自脱岗等行为。（2）物的不安全状态，指由物理性、化学性或生物性造成的设备、设施、工具或物品的缺陷。如防护设施缺失、带电部位裸露、机械性或电磁性噪声、飞溅物或坠落物、高温物质或有毒易爆物质等。（3）环境不良，指空间、湿度、照明、气候条件等不利于作业，有可能造成意外发生。如作业场所狭小杂乱、空气流通不畅、照明不足、地面湿滑、大风或雨雪天气等。（4）管理缺失，指安全组织机构不健全、安全制度不完善、安全经费投入不足、安全责任制未落实等。如未指定安全操作规程、未对劳动者进行培训、未按规定发放劳动防护用品等。

要时刻谨记防控要求，根据事故因果连锁理论，要想避免事故的发生，有效保护劳动者的人身财产安全，应从人的不安全行为和物的不安全状态着手进行管理，而人的不安全行为是引发事故的主要原因，这就要求我们在劳动过程中做到"四不伤害"，即不伤害自己，不伤害他人，不被他人伤害和保护他人不受伤害。

### 身边的优秀榜样——闻明亚

昆明冶金高等专科学校电气与机械学院闻明亚同学是应用电子技术专业电子 1213 班学生,是学院科技创新活动中涌现出的杰出代表。2015 年,闻明亚同学荣获宝钢优秀学生奖,成为全国高职高专院校中荣获该奖项的第一人。

闻明亚出生于云南鲁甸县的一个乡村,家境较差,为了减轻家里的负担,他毅然选择了就读职业中学。半工半读、工学结合的教学模式让他有机会来到了广东实习,他不仅解决了职高期间读书的费用,还把实习挣来的部分工资补贴家用,大大缓解了家庭的拮据。

2012 年,积极向上的他考入了昆明冶金高等专科学校,开始了自立自强的大学生活。自入校以来,闻明亚积极适应大学生活,各方面严格要求自己,学习勤奋、思想觉悟高、道德品质好,在提高自身科学文化知识水平的同时,积极锻炼个人的组织协调能力和人际交往能力,努力提升自身综合素质。在刚进入大学的第一年,他就参加了"动感地带 MM 杯"第七届云南省大中专学生课外学术科技节,荣获三等奖和优秀奖,并参加昆明冶金高等专科学校第九届"挑战杯"大学生课外学术科技作品竞赛,荣获科技发明制作类一等奖。2014 年 4 月,他又荣获"挑战杯——彩虹人生"云南省首届职业院校创新、创效创业大赛创意类金奖,并成功申报国家专利。他不愿自己的专业知识局限于校内,于是跟从学院的家电维修科技服务部,下乡到学校周围村庄,义务为当地老百姓维修电器。在大学生涯的最后一年,为了实现自己多年的飞行梦,从零开始学习飞行器的结构原理,查询大量资料,终于在指导老师的帮助下,制作出了一架无人机。

闻明亚同学不仅在专业领域刻苦钻研,还积极投身志愿服务。"艰苦环境中磨砺意志,志愿服务中享受幸福。"2014 年 8 月 3 日,云南鲁甸发生了6.5级地震,家乡遭受了灾难,他毫不犹豫地加入了抗震救灾的志愿者队伍,为家乡贡献自己的一份力量。

**思考:**

作为一名普通大学生,应该从哪些方面培育优良的劳动品质?

# 第四章

# 培养劳动能力

## 知识导航

　　因生产动力更迭、职业分化和生活情境复杂化等因素的影响,现代劳动日益变得更加复杂。随着现代化社会产业的高度发展,知识已经成为人类劳动的基础条件,技能也成为提升劳动质量的关键因素。胜任劳动需要具备与时代发展相适应的知识和技能。

　　职业教育的目的是培养具有一定知识文化水平和专业知识技能的应用型劳动者,其更侧重于实践技能和实际工作能力的培养。德技并修是职业教育的应有之义,要实现这一点,需要不断提高高职院校学生的生产劳动能力、生活劳动能力、服务性劳动能力和创造性劳动能力。

## 劳动箴言

　　所谓劳动力或劳动能力,就是体力和脑力的总和,它存在于人的机体即活生生的人身中,每当人生产某种使用价值时就运用它。

——恩格斯

## 案例导入

### 全国优秀共青团员郑棋元

　　北京时间 2019 年 8 月 28 日凌晨 1 时 25 分,俄罗斯喀山传来了重大喜讯——

年仅 22 岁的云南技师学院学生郑棋元在第 45 届世界技能大赛上摘得了移动机器人项目金牌！

2012 年初中毕业后，郑棋元就读于云南技师学院，在校前两年，他的学习成绩并不是很突出，过着日复一日、当一天和尚撞一天钟的生活。可是，郑棋元心里总是还想做点什么，总想着必须改变平庸的自己。直到 2014 年的某一天，他邂逅了世界技能大赛移动机器人项目，梦想就从这里启航了。

2016 年，第 44 届世界技能大赛开始国内选拔，郑棋元带着必胜的斗志参加了移动机器人项目，以全国第二名的成绩跻身国家集训队。但在更进一步的赛队遴选中，郑棋元一组惨遭淘汰，结局一时让人难以接受。赛后好长一段时间，他每天都在深刻反省，问题到底是出在什么地方？

2017 年 7 月，带着遗憾，郑棋元来到昆明云内动力股份有限公司实习。郑棋元始终保持竞赛时的专注和严谨，坚定"踏实做人，认真做事，技能报国"的理念。是金子总会发光，是人才总有平台。2018 年初，云南技师学院正紧张备战第 45 届世界技能大赛全国选拔赛，移动机器人项目开始重新组队，学院鼓励郑棋元从头再来。正在实习的郑棋元心中重新燃起了梦想的火花，毅然报名参赛。他明白，自己最大的对手不是别人，正是自己。返校后，郑棋元投身移动机器人各项训练中，别人休息时，他一个人在实验室反复训练，模拟操作，分秒必争，琢磨推敲。移动机器人最重要的，是实现移动速度与精确度的完美统一。为了争取训练时间，郑棋元索性把机器人搬到住宿房间内，把床拼在一起当作临时场地，在房间里练习拆装。但房间里加工零件噪声太大，为了不影响周围人休息，郑棋元和搭档只能缓慢地加工，把噪声降到最低，压着嗓子说话，平时只需要几分钟完成的零件加工，这一次他们花了一个多小时，结束时已是凌晨。

成功总是眷顾勤奋的人，郑棋元和搭档在第 45 届世界技能大赛移动机器人项目云南省选拔赛上获第一名，并代表云南省参加全国选拔赛。

## 第一节　生产劳动能力

中共中央、国务院发布的《关于全面加强新时代大中小学劳动教育的意见》指出："劳动教育是中国特色社会主义教育制度的重要内容,直接决定社会主义建设者和接班人的劳动精神面貌、劳动价值取向和劳动技能水平。"生产劳动是整个社会和国家发展的基础,高职院校要重点培养的是大学生的生产劳动能力。

## 一、生产劳动概述

与校园环境和生活劳动不同,生产劳动是在复杂的环境中进行的,如何更快地适应环境的改变,顺利度过职业适应期,这是一个摆在每一位大学生面前的现实问题。培养高职院校学生的生产劳动能力,首先要搞清楚生产与生产劳动的概念。

### (一)生产

生产,主要是指人们创造社会财富的过程,其中既包括物质财富,也包括精神财富的创造,亦称社会生产。狭义生产仅指创造物质财富的活动和过程。经济学中的生产是指将投入转化为产出的活动,或是将生产要素进行组合以制造产品的活动。

从抽象意义上说,生产是在特定的技术条件下,通过将人的劳动作用于劳动对象和劳动资料,生产人们所需要的各种物品或服务的过程。在这一过程中,人们会运用整个人类在改造自然和利用自然的过程中积累起来的各种经验、知识和操作技巧来改造自然物质。这里的生产具有一般的技术属性,反映了人与自然的相互关系,是作为人类生存的永恒的自然条件而存在的。

### (二)生产劳动

生产劳动是唯物史观的基本范畴,是劳动价值论的分析基础。按劳动的自然形态区分,生产劳动指创造物质财富的劳动,如工业、农业、交通运输业、建筑业等中的劳动;按劳动的社会形态区分,生产劳动指体现特定社会生产关系本质的劳动。

## 二、生产劳动的类型

培养高职院校学生的生产劳动能力,必须要明晰生产劳动的类型。生产劳动主要分为农业生产劳动和工业生产劳动两大类。

### (一)农业生产劳动

农业作为第一产业,是种植农作物的生产活动。广义上的农业包括种植业、畜牧业、渔业、林业以及副业五种产业形式。其中,种植业是狭义的农业,又称植物栽培业,是利用土地资源进行种植生产的产业;畜牧业,是指利用畜禽等已经被人类驯化的动物,或者一些野生动物的生理机能,通过人工饲养、繁殖,利用土地资源培育或者直接利用草地发展畜牧业的产业;渔业,是开发和利用水域空间进行水产养殖的产业;林业,是利用土地资源培育采伐林木的产业;副业,是对这些产品进行小规模加工或者制作的产业。从事以上产业的生产劳动都属于农业生产劳动。

### (二)工业生产劳动

工业,是原料采集与产品加工制造的产业或工程。工业经历了手工业、机器大工业、现代工业等几个发展阶段,是社会分工发展的产物。工业在世界各国国民经济中都起着主导作用,它为人民物质文化生活提供消费品,为其他各个部门提供原材料、燃料和动力,它是国民经济的根本保证,是国家财政收入的重要来源。我国的工业主要以基础工业部门为主,包括钢铁工业、机械工业、能源工业和高新工业等。因此,工业生产作为国民经济中最重要的物质生产部门之一,广大青少年需要去了解工业生产劳动的内容,并且应当积极参与到工业生产劳动中去。[①]

---

① 金正连.劳动教育与素质养成[M].北京:中国人民大学出版社,2020.

### 三、高职院校学生应具备怎样的生产劳动能力

生产劳动能力是每一位大学生都必须具备的一种能力,这种能力对学生的成长成才非常重要。为适应社会发展的需求,高职院校学生至少应掌握专业化劳动生产能力、自我完善和开发的能力以及竞争与合作能力。

#### (一)专业化劳动生产能力

由于生产力的发展,商品交易的种类越来越丰富,因此商品使用价值中所包含的劳动的种类也越来越多,社会分工就会越来越精细化。社会分工的精细化意味着未来劳动者的职能将更加专一,例如城市人口密集,停车难,于是我们出行用打车软件;下班累了没时间买菜做饭就点外卖;房间太乱没时间整理就请个家政。这些场景里的司机、饭店厨师、送餐员、家政人员都是社会分工精细化的结果。在这些领域中,他们是专业的,会给我们带来许多方便。

因此,在社会分工非常精细化的今天,高职院校学生应该深耕自己所在的领域,具备更加专业化的劳动生产能力,不断提高自身的社会竞争力,只有这样才能够在未来的职业竞争中取得一定优势。

#### (二)自我完善和开发的能力

微课:大学生实习实训

进入 21 世纪以来,随着科技的迅猛发展,社会生活、劳动方式、劳动形式以及劳动内容也越来越多样化,人类迈入人工智能时代。在未来,人工智能将进一步覆盖到人类的生产、服务和生活等领域。一些重复率高、工作内容机械性高的岗位(如打字员、客服职员、保安、流水线工人等)最容易被人工智能所取代。

因此,高职院校学生应该具有忧患意识,为了使自己在未来不会被取代,在校期间就要努力提升自我完善和开发的能力。除了学习必

备的专业知识外,还应跳出舒适圈,始终保持一颗好奇心,勤于思考,锻炼自己的思维能力,掌握一定的探索能力、自学能力和创造能力,开发自己的潜能,德智体美劳全面发展。

### (三)竞争与合作能力

竞争与合作的能力包含以下两层含义:其一,高职院校学生毕业后能胜任在职工作岗位的工作;其二,能适应当代社会科技生产的发展要求,胜任未来的工作。这一能力,要求高职院校学生牢牢掌握专业方面的知识,并将理论与实践相结合,随着时代的发展,不断更新知识体系和必备的专业技能。为此,可以从以下几个方面进行培养。

第一,正确对待竞争与合作。20世纪90年代中期,美国学者提出"竞合论",即在竞争中合作、在合作中竞争。竞争与合作都是实现目标的重要手段,两者既对立又统一。21世纪对于人才的要求越来越全面,不仅要求大学生具备过硬的专业能力,而且还必须具备团队协作能力。高职院校学生应运用唯物辩证法的思想,深刻理解团队合作精神的内涵,彼此欣赏,相互成就,在竞争中积极谋求合作,在合作的基础上开展有序竞争,在合作的过程中消除竞争带来的弊端。高职院校学生在生产劳动过程中,应积极开展各种形式的合作交流,见贤思齐,互助互学,进一步加深对知识技能的交流和探讨,磨合彼此的性格,提高沟通效率。

第二,明确分工。劳动分工,可以体现在各种社会劳动力的划分与独立化中,也可体现在组织对任务的切分中。良好的组织分工和合理的组织劳动,可以改进技术,提升劳动效率。例如,在参加高职院校学生创新创业比赛项目的时候,首先必须要了解清楚每个团队成员的优缺点,然后根据各个成员的自身特性和能力合理分配工作任务,明确各任务完成的时间,最后按照约定时间,验收和考核各个成员的任务完成情况,赛后组织成员复盘。

第三,树立主人翁意识。高职院校学生要树立主人翁意识,将自己充分融入校园生活之中。其中,班级是学生学习的基本单位;宿舍是学生生活比较集中、成员相对固定的场所;各类社团活动是学生展示个人才华的重要平台。高职院校学生可通过积极参加班级活动(如运动会、歌唱比赛、团建等)、宿舍活动(如宿舍卫生标兵、宿舍文化节等)或者加入社团,在参与丰富多彩的科技、文体等活动的过程中,不断增强集体荣誉感,强化团队意识,让主人翁意识潜移默化地渗透到自身生活、工作、学习的各个方面。

## 第二节　生活劳动能力

劳动教育源自生活,并与日常生活融为一体。劳动是人类生存的基本手段,生活劳动教育旨在传授给学生最基本的生活技能。

### 一、生活劳动概述

生活劳动是指可以满足于生活需求的劳动,生活劳动是在具备生活条件的基础上对生活条件进行改造,并直接服务于人的劳动。生活劳动主要分为以下两种。

#### 1. 技能性生活劳动

技能性生活劳动就是通过操作一些技术技能改造生活资料(或生活条件)以满足生活需要的劳动形式,如洗衣服、拖地、缝补等。其实,现代科技的发展大部分都建立在技能性生活劳动之上,如洗衣机、扫地机器人、洗碗机等家用电器逐步改变了人们的生活劳动方式,劳动对于体力的要求逐步弱化。但现代生活劳动,尤其是技能性生活劳动,也要求人们具备一些现代化的技术能力,如人们需要了解生活用具的基本原理并能对其进行简单的维修。

### 2. 审美性生活劳动

审美性生活劳动与技能性生活劳动最主要的差别体现在层次上。例如，缝补衣服，给一件破旧的衣服打一个补丁，这就是技能性生活劳动；但是补丁不好看，如果对这个补丁做一些改造，设计一些好看的图案，这就不仅仅是技能性生活劳动，而是创造美、创造幸福的劳动过程，这就是审美性生活劳动。审美性生活劳动自古就存在，比如古代人在桌椅上雕花，使其在实用的同时，兼具审美的功能。这一层次的劳动，不仅对人的技术能力提出了要求，还要求人们具有感知、想象等方面的能力，这些统一在一起，就是审美养成和创造美的能力。

## 二、高职院校学生提高生活劳动能力的意义

提高生活劳动能力对于学生未来的发展具有非常重要的意义，有利于高职院校学生涵养高尚的品德、坚定理想信念，有利于培养高职院校学生独立生活的能力、提高综合素质等。

### （一）有利于高职院校学生涵养高尚的品德

自强不息，勤于劳动，是中华民族的优良传统，中华文化之所以能繁荣昌盛，绵延至今，离不开辛勤的劳动者。高职院校学生作为新时代社会主义事业的建设者和接班人，应该树立诚信劳动、辛勤劳动的理念，发扬劳动精神，积极向劳动模范看齐，形成尊重劳动、热爱劳动、勤于劳动、诚实劳动、爱惜劳动成果的优良品质。引导学生积极参与生活劳动，能够帮助高职院校学生形成正确的劳动观念，把课堂传授的思想道德认识转化为具体的实际行动，再由实际行动上升为信念的层次，把热爱劳动、尊重劳动的信念根植于自己内心深处。高职院校学生只有拥有了优良的劳动品德，才能更好地融入社会，为实现中华民族伟大复兴的中国梦做出自己的贡献。

## （二）有利于高职院校学生坚定理想信念

劳动是实现人类社会文明发展的主要途径,古往今来,人类社会的发展都离不开劳动人民的辛勤劳动。因此,劳动最光荣、劳动最崇高、劳动最伟大、劳动最美丽也是高职院校学生理想信念教育的重要内容。"心中有信仰,脚下就有力量",坚定劳动创造梦想的理想信念,也是坚定共产主义的理想信念。一方面劳动教育有利于帮助高职院校学生树立共产主义的远大理想,坚定中国特色社会主义共同理想;另一方面要让高职院校学生把劳动学习成果转化为不可撼动的理想信念,进而转化为正确的世界观、人生观、价值观,让理想与信念托举起美好的未来。

## （三）有利于培养高职院校学生独立生活的能力

独立能力,是高职院校学生在成长成才的过程中必须要培养的一项能力,也是让高职院校学生以后能更好地适应社会、融入社会的一种能力。适当的生活劳动有助于培养高职院校学生的独立性,高职院校学生在从事生活劳动的时候,学会了收拾家务、买菜做饭、修理家电等生活必备的技能,渐渐地,便能不过分依赖他人,独立生活,不至于进入社会后生活不能自理。一定量的生活劳动不仅可以帮助高职院校学生养成独立解决问题的良好习惯,而且有助于强化高职院校学生的生活适应能力和生活自信心。

## （四）有利于提高高职院校学生的综合素质

无论是从学习成绩还是未来职业要求来看,综合素质是评判高职院校学生全面发展的一个重要因素。当代高职院校学生不仅要刻苦学习科学文化知识,还应积极参加各种劳动。在劳动实践中,高职院校学生可以培养自己的创新意识、岗位意识、责任意识、纪律意识、团队协作意识、无私奉献意识,可以增强自信心和集体荣誉感,形成良好的品德和行为习惯,这些都有利于帮助高职院校学生提高自己的综合素质。

### 三、高职院校学生应具备怎样的生活劳动能力

生活劳动能力是人提高生活质量不可或缺的基本能力,生活劳动的形式也是丰富多彩的。对于高职院校学生而言,生活劳动主要有家务劳动和校园劳动两种类型,具体内容如下。

#### （一）家务劳动

家务劳动是人类社会最为常见、古老的基本劳动方式之一,是家庭成员为了维持家庭正常生活而付出的没有任何经济报酬的劳动。家务劳动一般可以分为两类:一是维护家庭生活环境与日常生活运转的劳动,二是对家庭成员进行护理的劳动。前者一般包括照料宠物、购物、衣物和鞋类的打理、自己动手的装修维修、住宅及周围的清洁和维修、做饭等;后者一般指照顾、护理家庭成员的劳动。

微课:家务活能
算劳动吗?

#### （二）校园劳动

校园是对高职院校学生进行劳动教育的主要阵地,也是帮助他们树立正确劳动观的思想教育基地。"纸上得来终觉浅,绝知此事要躬行",高职院校学生在学校学到的劳动知识,首先就应当运用到校园劳动中去。高职院校学生参加校园劳动,主要分为课堂劳动和课外劳动两种。

**1. 课堂劳动**

课堂上的劳动主要通过劳动课展开,学生可以在劳动课上参加相应的活动,以提高自己的动手实践能力。学校劳动课程大致分为以下几种类型:劳动技能课程、劳动健身课程、劳动艺术课程和劳动实训课程。

劳动技能课程重在开发学生的技能技术,通过课堂学习,学生可以了解到许多关于农业、工业技术的知识,并且通过实践来巩固所学的知识。实践活动可以开设农业、工业体验课,让学生在课堂上亲自种植某种农作物或花草植物、养殖一些常见的小动物、维修小家电或日常用品等,帮助学生提高动手操作能力,为学生以后进入农业、工业和服务业等岗位奠定基础。

劳动健身课程主要借助体育课开展,通过体育健身活动强健体魄,锻炼身心,为开展劳动实践打下良好的身体素质基础。

劳动艺术课程能引起学生对艺术的兴趣,开发学生的艺术细胞,因为艺术来源于生活,要让学生在劳动过程中感受到艺术的魅力。比如学生在课堂上可以利用生活废旧物制作手工作品,可以利用纸张剪出漂亮的剪纸,可以通过针线制作各式各样的手套、毛衣、围脖、十字绣等,这些都是通过劳动创造出来的艺术成果,让学生可以在劳动中表达情感、创造艺术。

劳动实训课程在学生的专业学习中是一项非常重要的课程,很多专业尤其是理工科都有实训课的教学任务,比如测绘专业的学生,他们除了日常的理论知识学习外,最重要的就是要学会如何精确测量。因此,实训课开展的目的就是巩固理论课所学习的知识。学生参加实训课,既能提高专业知识能力,又能增强实际操作能力,实训课是开展劳动教育的重要环节。

**2. 课外劳动**

虽然课堂劳动的形式是丰富多彩的,但是课外劳动能给学生提供更加广阔的劳动实践空间。校园劳动主要是通过课外劳动来展开的,课外劳动大致可以分为打扫卫生和参加活动两个方面。

(1)打扫卫生。打扫卫生的范围主要包括教室卫生、宿舍卫生和校园卫生。教室是学生日常学习的地方,教室(包括上课教室与自习教室)的卫生需要每一位学生做出贡献。班级可以制定值日表,分组安排学生进行卫生清洁,共同营造一个干净整洁的学习环境;宿舍是学生日常生活的地方,也是一个公共区域,学生下课后,很多时间都是在宿舍度过的,宿舍就像学生的家,宿舍环境需要和共同生活的室友一起来维护,只有大家齐心协力,才能让宿舍成为一个温馨的地方;校园卫生就是除了教室卫生和宿舍卫生之外的环境卫生,主要包括校园公共场所清洁、垃圾分类、校园绿化等。

（2）参加活动。课外劳动的活动主要包括勤工助学和社团活动,校内一般会设立勤工助学岗位,目的是让学生在帮助老师处理日常事务、获得一定报酬的同时,也学会热爱和尊重劳动。勤工助学的种类主要包括助研、助教、助管、助维、助卫等,比如在图书馆帮老师整理图书,在办公室帮助老师做一些日常事务性管理工作,在校园里帮助老师检查卫生,维持纪律等,这些都可以帮助高职院校学生树立校园主人翁的意识,进而自觉自愿地参加校园劳动。除了勤工助学外,高职院校学生还可以通过参加各种社团活动来从事校园劳动,比如:加入学习部,督促学生按时参加教学活动;加入生活部,协助学校管理好教室和宿舍卫生;加入文体部,带领学生参加各种形式的文体活动;加入纪检部,检查校园违纪违规行为,杜绝不良风气;加入新闻部,把校园内发生的新闻发布在校园网站以及公众号内,让学生及时了解学校的相关信息;加入学生志愿者协会,组织多种形式的志愿活动,如关爱老人、关心留守儿童,对残疾人进行生活上的帮助等。总之,参加社团活动,不仅能够丰富学生的课外活动,而且可以锻炼学生的劳动能力,增强学生的劳动意识。

| 第三节 | 服务性劳动能力 |
| --- | --- |

服务性劳动是一种典型的具有公益性质的劳动。高职院校学生在服务性劳动实践中,不仅可以锤炼劳动技能、强化劳动教育意识,还可以增强社会责任感。

## 一、服务性劳动概述

培养高职院校学生的服务性劳动能力,应明晰服务性劳动的概念,了解服务性劳动的主要内容,理解服务性劳动具备怎样的特征。

### (一)服务性劳动的概念

服务性劳动的对象是整个社会,属于义务劳动。服务性劳动不仅为生产服务,同时也为生活服务,因此,它在现代经济中所占的地位是不言而喻的。开展服务性劳动对新时代社会管理起到一定的补充作用,是对政府服务模式的一种延伸。通过各种方式吸引更多的人员参与服务性劳动,承担一定的社会公共服务功能,这对于整合社会资源,加强公共服务提供了极大的助力。赠人玫瑰,手有余香,参与服务性劳动的人员能在劳动奉献中实现个人的人生价值,获得愉悦感、成就感,同时也增加了被服务对象的幸福感,对于构建社会主义和谐社会具有重大意义。

服务性劳动在高职院校学生的劳动实践中占据着重要地位,服务性劳动贴近高职院校学生的生活,涉及人们生活的衣、食、住、行等方面。高职院校学生走出校门,深入基层和群众中去,在劳动实践中,培养学生关心他人与集体、懂得感恩、珍惜劳动成果的意识,树立正确的世界观、人生观和价值观,提升个人的社会价值,激发热爱劳动、懂得尊重劳动人民的情感。

### (二)服务性劳动的内容

为了满足人民群众多层次多样化的需求,传统服务性劳动的内容主要体现在体育、文化、旅游、医疗、教育、养老、托育、家政等众多社会领域,因此依靠多元化主体提供服务的活动,更加具有针对性,因为它直接体现着广大人民群众的利益关切。而随着社会生产力与生产关系的变革，人们的需求也越来越多样化，更加重视个性发展，讲求私人订制。因此，为了更好地满足人们的个性化需求，就需要结合近年来产业发展出现的一些新业态和劳动的新形态，选择新型服务性劳动的内容。

### （三）服务性劳动的特征

服务性劳动主要有以下三种特征：一是不以营利为目的，主要是为了服务社会，具有无偿性或低偿性；二是服务的对象更多针对边缘群体、弱势群体、困难群体和问题群体等；三是服务的实施人员一般包括志愿者以及专业社会工作者，如教师、护理人员、家政人员等。服务性劳动往往与时代相契合，更加注重利用知识、技能、工具、设备等为他人和社会提供服务，在公益劳动、志愿服务的劳动过程中，参与者能够增强社会责任感，培养良好的社会公德。

## 二、服务性劳动的类型

在大学期间，学生会、团委等部门为了丰富高职院校学生的日常学习生活，一般都会牵头举办一些服务性质的劳动活动，这些服务性劳动主要分为社会实践和志愿服务两种类型。

### （一）社会实践

社会实践有广义与狭义之分。广义的社会实践是指人类在劳动过程中认识世界、改造世界的各种活动的总和。狭义的社会实践主要指的是学生利用假期时间在校内或校外实习，它有利于帮助学生加深对本专业的认知，从而为将来确认合适的职业、增强自己的就业竞争优势、为毕业后向职场过渡做好充足的准备。

高职院校学生参加的社会实践一般有"三下乡"活动、社会调研、勤工助学、顶岗实习以及环保等公益活动,还包括课外科技活动、课外创业活动、挂职锻炼、专业性社会实践等。

## (二)志愿服务

志愿服务,是通过自愿且不图物质报酬的方式贡献自己的个人精力和时间,组织参与一些社会生活,从事促进社会进步、推动人类发展的社会事业。志愿者就是志愿服务的践行人,而大学生是志愿服务的一股非常重要的力量,他们利用自己的业余时间,为社会、为他人提供无偿服务,这是一种无私的志愿精神。学生在参与志愿服务的劳动过程中,充分体现出的团结友爱、无私奉献、互帮互助等宝贵的精神品质,也是对中华民族优良传统的继承、弘扬与发展。因此,志愿服务作为高职院校劳动教育的重要部分,学校应当鼓励每一个大学生积极参与进来。

志愿服务是一种典型的公益性质的劳动,它可以培养学生乐于奉献的精神。学生在志愿者服务中,可以锤炼劳动技能、增强社会责任感、增强劳动意识,进而深化对劳动创造人、劳动创造世界的认知。针对大学生,志愿服务可以分为校内志愿服务和校外志愿服务两部分。

### 1. 校内志愿服务

校内志愿服务一般根据学校相关部门活动的需要,临时招募一批有责任感的志愿者加入,以此来协助学校组织相关活动。在开展活动之前,学校需组织招募志愿者参加相关培训,培训合格后,便可以把他们安排在学校食堂、体育馆、图书馆、教室、实验室、寝室、报告厅等地方开展相关的志愿活动。高职院校学生在校园里从事志愿服务的主要途径之一是校内专门从事志愿者服务的社团,学生在校园内可以申请加入此类社团,社团会不定期组织其成员参加各种志愿活动。除了一些国赛、省赛等大型比赛外,学校还会组织一些其他活动,如校庆、文艺会演活动等,这些活动都需要大量的志愿者参与,学生在校园内积极参加各种志愿服务,对自己也是一种磨炼与提升。

**2. 校外志愿服务**

相对于校内志愿服务而言,校外志愿服务的范围要更广一些。校外志愿服务的地点一般是通过学校相关部门联系的一些需要帮助的政府部门和社区,而且这类服务往往对时间或地点都有一定的要求。根据志愿服务的领域不同,校外志愿服务大致可分为环境保护志愿

服务、疫情防控志愿服务、社区基层志愿服务、大型活动志愿服务、应急救灾志愿服务、社会援助志愿服务以及通用语言文字普及志愿服务(图4-1)等。

图 4-1
昆明冶金高等专科学校通用语言文字普及实践团

微课:大学生在校期间能够做哪些服务劳动?

## 三、高职院校学生如何提高服务性劳动能力

新时代开展社会服务的核心是"授人以渔",目的是要"助人自助"。为了实现这一目标,高职院校学生需要提高服务性劳动能力,提升与服务对象之间的沟通质量,为更好地开展社会服务打下坚实的基础。

### (一)拓展生产、生活劳动技能

新时代的高职院校学生需要怎样的服务性劳动能力?以社区志愿者服务为例,随着社会生产力的发展及城市化进程的不断推进,社区工作模式也相应地发生了一定程度上的改变,开始由过去的粗犷型向精细型转变。因此,普通志愿者并不能满足社区治理的发展要求与居民的实际需求。这就必然要求我们从"量"和"质"的层次上来优化志愿者队伍结构,尤其是要培养和招募更为专业化的技术型志愿者。例如对于一些残疾人士来说,他们需要的不仅仅是志愿者的嘘寒问暖,更需要专业志愿者帮助他们提高基本生活技能;外来务工子女和

农村留守儿童除了应享受当地政府的政策性福利之外,还需要具备专业心理咨询技能的志愿者对其进行心理疏导和精神引领,给予他们精神上的慰藉与关爱。由此可见,随着时代的变迁,社会需要越来越多的专业化的技术型志愿者。

此外,从个体能力来看,服务性劳动能力其实在一定程度上就是生产和生活劳动能力,服务性劳动与生产劳动和生活劳动相比,区别在于劳动的目的不同。服务性劳动的目的和收获偏向于精神层面,如劳动过程中获得的成就感、满足感、自我实现等;而生产劳动的目的更偏向于获得劳动报酬,生活劳动的目的更偏向于满足生活需求。但是服务性劳动依然跳不出生产劳动和生活劳动的领域,例如作为志愿者参与"三下乡"实践活动,来帮助老百姓修理一些家用电器,这属于生活劳动领域;作为社会工作者或义工参与生产劳动(如收割庄稼、制作手工制品等),属于生产劳动领域。所以,服务性劳动在本质上亦是一种生产劳动和生活劳动,当然,社会的需求可能比一个家庭、一家企业的需求更具复杂性,志愿者开展服务性劳动的领域相对而言也更加广阔。

总之,无论对于社会发展需求而言,还是基于服务性劳动而言,志愿者都需要拓展生产劳动和生活劳动的技能,例如学习修理家电、照顾老人和儿童、清洁打扫、洗衣做饭、懂得心理学相关知识等,涉猎的领域多多益善,这样才能更好地满足各种社会需求。

## (二)提高社会服务中的沟通协调能力

服务性劳动的对象较具有针对性,如社区居民、贫困村民(图4-2)、孤寡老人、留守儿童等。新时期的服务性劳动服务范围更加广阔,如绿色环保、会展服务、境外志愿者等,因此与服务对象的交流沟通能力显得

图4-2
昆明冶金高等专科学校乡村振兴实践团在调研

尤为重要,尤其是对于境外志愿者而言,对外语能力的要求要更高一些。服务性劳动本质上是公益性质的,格外需要注意的是服务的方式与方法,既要帮助困难人士,又不能让其存在心理压力,所提供的服务性劳动应刚好能够契合被服务者的需求,这就要求志愿者具备良好的沟通协调能力。

## 第四节　创造性劳动能力

创造在劳动中无处不在,日常生活劳动中有创造,生产劳动、服务性劳动中更有创造,创造是推动社会进步的重要动力。人类的劳动是有主观能动性的创造性劳动,是机械性(重复)劳动与创造性劳动的统一。在人类社会的发展过程中,不同时期的创造性劳动有着各自不同的特点。早期的一般创造性劳动主要表现为劳动工具和生产方式的进步。迈入工业化社会以来,创造性劳动催生了重大的技术变革,进而推动了工业化的发展进程。当代飞速发展的创造性劳动还体现在科学理论方面的一系列新突破,如许多新原理、新学说的诞生,网络信息技术、生物工程技术等一系列新技术的飞速发展等。

### 一、创造性劳动能力概述

高职院校学生是掌握专业知识和技术、具有创新能力的新型劳动者,是创造性劳动的主力军。了解创造性劳动的内涵和特征、掌握创造性劳动能力是新时代高职院校学生的必修课。

#### (一)创造性劳动的内涵与特征

创造性劳动是指在创造性思维的支配下,具有科学知识和科学技术的劳动者,通过创造发明来改变人类与自然的物质交换过程,打破生产要素组合的均衡态,形成新的劳动要素组合和新的劳动程序,使人类劳动在前所未有的程序上进行,从而加速人类物质财富和精神财富创造的生产活动。

创造性劳动有以下三点特征:一是新颖性,创造性劳动的产品(包括知识与技术)过去从来没有被公开使用或者以其他方式为大众所熟知;二是价值性,创造性劳动在创造价值上是成倍增长的,与一般性劳动相比,创造性劳动能够提供更多的产品价值;三是风险性,创新与风险相伴而生,是一把双刃剑,一切创新都是在战胜风险的过程中实现的。

### (二)创造性劳动能力的内涵

《关于全面加强新时代大中小学劳动教育的意见》明确提出:"强化诚实合法劳动意识,培养科学精神,提高创造性劳动能力。"培养和提高创造性劳动能力不仅是实现中华民族伟大复兴的战略抉择,同时也是高职院校学生实现自我发展的内在需要。创造性劳动能力来源于日常的学习工作中,在劳动实践中得以表现和发展,是对促进创造成果的产生起导向和决定作用的大脑思维能力和劳动实践能力的综合体现,也是在劳动过程中发现和解决新问题、提出新设想、创造新事物的能力。

这里需要注意的是,高职院校主要培养高素质技术技能型人才,但在创新创业教育过程中,容易陷入一个误区,那就是认为只有创业才是创造性劳动,或只有成功创业才是创造性劳动。创新教育的目的是培养高职院校学生的创新意识、创新思维和创新能力,注重对想象力、问题意识、批判精神的培育。而创新精神可以体现在科技和文化等诸多方面的创造中,不仅仅指创业。尽管我们鼓励高职院校学生创新创业,但大学阶段的创新创业教育,并不是为了让每个高职院校学生都成为"老板",而是培养学生的创造性劳动意识与思维,使学生进而掌握一定的创造性劳动方式方法,在创新创业中真正提高创造性劳动能力。

## 二、高职院校学生提高创造性劳动能力的意义

创造性劳动能力是与生产劳动能力、生活劳动能力、服务性劳动能力相辅相成的一种能力,它有利于人的自我价值的实现、有利于培养艰苦奋斗的作风和创新精神。

### (一)有利于人的自我价值的实现

从客观层面来看,劳动始终是人类生存的手段;但是从主观上看,人们还把劳动当作自己生活不可缺少的一种活动。随着科学技术的飞跃和发展,社会生产力快速提高,这更加证实了人类社会发展必然走向以机器、人工智能取代全部或大部分一般性(重复)劳动的阶段,使人类从机械的、繁重的体力劳动中解放出来。到那个时候,劳动就不再是简单的谋生手段,而是通过创造性劳动寻求幸福与自由的第一需要。

### (二)有利于培养艰苦奋斗的作风

在创造性劳动的过程中,必然会面对众多的困难和挫折,甚至失败都在所难免,这就要求我们具备顽强的意志和良好的品格,勇于承担风险,自立自强,艰苦拼搏。总之,加强对高职院校学生创造性劳动能力的培养,有利于帮助学生强化自立自强意识、风险意识,培养顽强拼搏的精神,树立艰苦奋斗的作风。

### (三)有利于培养创新精神

创新是一个民族的灵魂,是一个国家兴旺发达的不竭动力。大学生作为最具活力的群体,应当将创新精神融入学习生活之中,在实践中不断突破,在交流中不断求知。21 世纪是知识经济时代,知识经济

的本质就是创新。只有勇于开拓创新,把压力转化为自身发展的内在动力,才能在激烈的竞争中立于不败之地。

### 三、高职院校学生如何培养创造性劳动能力

高职院校学生作为中国特色社会主义事业的建设者和接班人,培育和提高创造性劳动能力首先要构建科学系统的知识体系,同时还要与时俱进,注重前沿科技的学习与应用,不断提高创新思维能力,做到知行合一、学以致用。

#### (一)构建科学系统的知识体系

构成高职院校学生知识结构基本框架不可或缺,相互支撑的三类知识主要是基础知识、专业基础知识和专业知识。具备创造性劳动能力不仅需要掌握一定的专业知识,其他方面的基础知识和专业基础知识同样发挥着不可或缺的作用。一些同学可能错误地认为,大学阶段的学习既然有经管法类、文史哲类、教育学类、理工类、农学类、医学类和艺术类等专业类别上的不同,并且以就业为主要目的和导向,因此就应把自己的主要精力放在专业知识的学习掌握上,基础性的知识可学可不学,只以不挂科为最终目的。而且当下也存在一种只重视专业基础知识而忽视其他各种基础性知识的倾向。一些同学认为基础性知识的范围局限于与本专业有直接关系的基础知识,而把诸如社会生活中的一些事实现象类知识、哲学知识、伦理道德和政策法规知识等都排除在基础知识之外。如此下来,最终会导致知识面狭窄、基础知识薄弱、学习活动局限于某一专业领域的结果,缺少必要的基础理论知识修养,必将影响创造性劳动能力的提升。

可见,高职院校学生要想提高自身的创造性劳动能力,必须要全面掌握基础知识、专业基础知识和专业知识,构建科学系统的知识体系,为开展创造性劳动打牢基础。

## （二）注重前沿科技的学习与应用

随着科学技术的迅速发展，尤其是迈入 21 世纪以来，以互联网、大数据、云计算、人工智能、区块链、物联网等为代表的新知识、新技术、新工艺、新方法如雨后春笋般不断涌现，使劳动者的工作环境和工作方式发生了巨大变化。劳动生产的各环节、不同的工作岗位对劳动者素质和技能水平的要求不断提高，越来越多的机械性的工作岗位将被智能化机器所取代，这就对劳动者个人的人机交互能力、灵活处理各种实际问题的能力以及创新创造能力的要求变得越来越严格。随着互联网的进一步发展，不同领域信息之间得到快速的有效连接，并且打通了生产、流通、服务等各环节，大大加快了新产品、新模式和新业态的更新迭代。"互联网 +"不仅催生了技术和产品的创新，还带动了商业模式、平台模式、服务模式、盈利模式、运行机制、文化和观念等方面的创新。

因此，高职院校学生要注重前沿科技的学习与运用，准确把握人工智能时代、数字经济时代劳动工具、劳动技术、劳动形态的新变化、新发展，不断扩充和完善自身知识体系和结构，在日常学习和生活中注重培养互联网、物联网的思维逻辑，不断提升创造性劳动能力。

微课:"互联网 +"
大学生创新创
业大赛

## （三）提高创新思维能力

创新思维能力是当下每个人都应该培养和具备的能力，在日常生活和学习中，应运用辩证唯物主义的世界观与方法论，多用联系的、发展的眼光有意识地关注客观事物的共性与特性。古人云:"尽信书，不如无书"。高职学生要做到不拘泥常规，不轻信书本或权威，以怀疑和批判的态度对待生活中的一切现象与事物;善用逆向思维思考问题，用发散性的思维看待和分析问题;主动、有效地运用联想。

联想是在创新思考时经常使用的方法，也比较容易见到成效。世界是普遍联系和发展着的，这是人们能够采用联想的客观基础，因此联想的最主要方法是积极寻找事物之间内在的逻辑关系;学会归纳整合,宏观地去看待事物,把事物的各个侧面、部分和属性的认识统一为一个整体,透过现象看本质。当然,整合不是把事物各个部分、侧面和属性的认识,随意地、主观地拼凑在一起,也不是机械地简单叠加,而是按它们内在的、必然的、本质的联系把整个事物在思维中再现出来的思维方法。

## 阅读思考

### 为学生插上创新创业的翅膀

如果给你一些 A4 纸,你能叠成什么?这个问题如果问天津科技大学的"纸来纸往"学生创业团队,答案可就花样百出了。这群大学生曾经花了 10 天时间,用 3 万多个纸雕三角插,手工制成了高达 2.3 米气势宏伟的"大火箭"。会折纸的人并非只是手巧,把一张平整的纸叠成有形状立体感的物件,有时更需要创作的天分。折纸技艺其实是一门非常"烧脑"的活儿,逻辑思维和艺术设计都不可或缺。"95 后"、天津科技大学 2018 届本科生万得生带领有同样爱好的同学们创办了学生工作室。如今,他们制作的兼具实用性和艺术性的纸雕三角插作品,不仅得到了大家的认可,更吸引了越来越多的人前来学习折纸技艺。

走进"纸来纸往"文创产业园的办公室,蝴蝶、海绵宝宝、蜘蛛侠、小黄人……摆满了墙上的格子架;半米长蜿蜒挺拔的飞龙,宛若腾云驾雾;凤凰、丹顶鹤,振动着翅膀,栩栩如生……如果不近距离观看,很难想象这是一个个小小的三角插做成的纸雕。

"感谢母校,良好的创新创业氛围深深熏陶了我,在校期间的各种创新创业实践活动培养和锻炼了我,让我有勇气和信心直面创业过程中的各种挑战。"现任纸来纸往(天津)文化传播有限公司创始人和 CEO(首席执行官)的万得生饱含深情地回忆说。

大二下学期,万得生和几名同学参加了一个大学生文化创意集市,他们制作的三角插工艺品让不少逛集市的人驻足、购买。于是,万得生萌生了将大家聚在一起创业的想法。"现在是创新创业的时代,大学生创业非常便利,所以我就想用我们的这项爱好试试创业。"万得生说。

2017 年 7 月,"纸来纸往"工作室正式成立,主要作品是将纸雕三角插的创意文化转化成玩具和课堂体验,致力于做中国的"纸质版乐高"。经过学校众创空间两年多的孵化,万得生的工作室已经渐渐步入正轨。"纸来纸往"团队参加过很多活动,利用三角插制作各种各样的纸雕作品。全运会时,万得生的团队创作的 2 个 2 米多高的吉祥物"津娃"让大家眼前一亮,20 多个体育项目的"津娃"造型纸雕也让人们爱不释手;耗时 2 个月,利用 4 万多个、每个为 5 角硬币大小的三角插制作的科大图书馆,成了同学们争相合影的对象……

（来源:天津日报,有删改）

思考:

学校每年都会组织一些创新创业活动、科技活动或向社会提供专业服务活动,你计划参与哪些活动? 你期望通过活动提升自己哪些方面的技能?

# 第五章

# 理解劳动新形态

## 知识导航

在整个劳动史的演变过程中,伴随着劳动工具的改变,劳动的形态也在不断变化。当今时代,人工智能和互联网技术迅速发展,对劳动形态产生了深远的影响,当代社会的劳动形态不仅包含体力、脑力劳动,还出现了许多复合的崭新劳动形态,这些都日益改变着劳动形态的旧格局。当代劳动教育应当密切关注劳动形态的演变,与时俱进地开展劳动教育,让劳动教育具有更多的当代性、创新性、主动性,为大学生思想意识、创新实践的全面发展助力。

## 劳动箴言

当今世界,综合国力的竞争归根到底是人才的竞争、劳动者素质的竞争。

——习近平

素质是立身之基,技能是立业之本。广大劳动群众要勤于学习,学文化、学科学、学技能、学各方面知识,不断提高综合素质,练就过硬本领。要立足岗位学,向师傅学,向同事学,向书本学,向实践学。

——习近平

## 案例导入

# 新能源汽车救援员杨志

2021年国庆假期，杨志沿着订单一路向北，承德、塞罕坝、锡林郭勒，走了3 000多公里，给出游的车主们提供充电救援服务。

"'叮——'您有新的订单！"来活了！上午9点，汽车救援员杨志打开手机上的智能接单软件，确认好车辆位置和需求，开着自己的救援车，出发了。

与想象中大多发生在高速公路上的汽车救援场景不太一样，这次的救援地点在一处写字楼的地下停车场。

"车主留言说，明天要开长途，又来不及充电，请我们帮助，从取车到归还，整个过程必须在两小时内完成。"杨志一解释，记者顿时觉得时间紧张起来。杨志却成竹在胸，先四下环绕车身，再细细查看车舱，确保一切无患后，再上传巡检视频。此时，系统已根据电池电量、附近充电设备等情况，自动匹配出最优解决方案——先换电再充电。

"时间等不得，活也急不得。"救援服务保障依赖强大的技术，更仰仗丰富的经验。喝水的工夫，杨志的手机又响了。"车主的新能源汽车电池电量不足10%，困在原地动不了，必须开移动电源车去！"话音刚落，杨志跃上了不远处停放的车子。车行十几分钟，稳稳停靠在呼救车辆前方1米处。原来车上装载着两块满电的电池包，一头连着前舱的电箱控制器，另一头盘着3米多长的输电管线。"别看这家伙有些笨重，充电效率比固定充电桩快多了！"说话间，杨志麻利地扯起输电线，插入充电口，不一会儿信号灯闪烁，眼前的车"复苏"了。

"帮车主克服'里程焦虑'，也是一种救援。"充电的间隙，杨志指着身边的移动充电车说，"订单在哪里，我们就跟去哪里。今年国庆，我沿着订单一路从承德向北，过塞罕坝，最后到了锡林郭勒，走了3 000多公里。每天开着它给出游的车主们提供充电救援服务，最多的一次，十几个订单连轴转，一天一夜没合眼。"

记者问他："强度这么大，累不累？"他答道："苦中作乐嘛！到处走还能到处看哩，工作两年多，北京周边的景点没有我没去过的。"杨志哈哈一笑，转头又严肃起来，"你瞧，现在救援就一部手机、一个工具箱、一身工作服，可里边的学问多着呢。

设备全部数字化,看不懂代码就上不了手,操作要求标准化,连上螺丝的扭矩都有精确要求,没两把'刷子'还真上不了路。"

"那怎么才能当好汽车救援员呢?""一页页啃书,一点点琢磨呗,要向技能讨进步。""叮——",电池刚满格,新订单又来了。踩一脚油门,杨志又上路了。

（来源：人民网,有删改）

在人类漫长的劳动史中,我们经历了手工劳动、机器劳动到智能劳动三种形态的迭代更新。伴随着人工智能、互联网、大数据时代的到来,劳动形态在当今时代也随之发生着剧烈的改变,出现了以远程劳动、共享经济、人机协同等为代表的劳动新形态,同时呈现新旧劳动形态迭代更新、新旧交融、多元并存的特点[1]。

### 一、新时代的劳动新形态

伴随着科技发展,人工智能与互联网引发的新一轮科技和产业革命将给人类社会带来持续、广泛而深刻的影响,其中对劳动形态的影响尤为显著。早在人工智能被广泛开发前,人们就对人工智能对劳动可能产生的替代作用表示担忧,对互联网即将对传统商业模式的冲击言之凿凿。事实上,人工智能与互联网的兴起在替代某些劳动形态的同时,也催生了新的劳动形态,如共享经济环境下电子商务平台带来的超大规模的共享劳动、远程劳动等,由此产生了人工智能与劳动者共同协作的物联网从业人员、工业机器人维护人员等。新技术的发展推动着新的社会分工,创造了具有新时代特点的劳动形态。

---

[1]　毕文健.新时代劳动形态下劳动者及劳动教育的新审思[J].职教通讯,2020(06):15-23.

### （一）劳动形态变化的原因与趋势

#### 1. 劳动形态变化的原因

当今世界已经进入数字时代，人类社会生活乃至世界格局发生迅速改变，其中很大程度上是人工智能与互联网的发展引起的。一方面，互联网技术根据自身特点在大数据分析、信息高效传输、沟通共享与交流、构建虚拟平台等方面给予了社会劳动很大的支持；另一方面，人工智能凭借其出色的学习能力及优异的表现使得许多传统职业被淘汰和替代。在新时代，包括大数据、云计算、5G 通信、物联网在内的新兴技术已经逐步发展成熟，这些技术会让未来的生产方式发生本质上的变化，进而影响劳动形态的变化。

#### 2. 劳动形态变化的趋势

在人类劳动史中，劳动形态从手工劳动向机械劳动，最终向智能劳动更替交融，使得当今劳动形态主要呈现以下特点：

（1）机械化。随着科技的发展，现在的生产劳动作业已经日益摆脱了之前以人力为主的作业形式，各种自动化的器械代替了繁重的、危险的体力劳动。如大型盾构机使开山挖渠这样巨量的、繁重的劳动完全机械化，同时也大大降低了劳动过程中可能发生的各种风险；精密雕刻机的出现代替了传统的手工匠人，使精细的人工作业变成了精密有序的系统作业，使劳动效率及产品质量成倍地提高；大型装配流水线、辅助机器人（图 5–1）等的出现使人类摆脱了之前主要靠体力劳动的原始状态，一个劳动者只需要按照操作规程操作相应的设备即可，由程序控制自动完成生产加工。

（2）智能化。很多日常的、重复性的劳动作业被程序代替，控制芯片结合传感器完成了以前无法想象的一些劳动

图 5–1
智能辅助机器人

作业。例如扫地机器人能够自动规划清洁区域,自动规避障碍物,给人类的日常生活带来了极大的便利;自动送餐机器人能够有效识别餐桌位置、路线上的障碍物,使餐厅的经营变得更简便,营业成本越发低廉;自动驾驶技术的出现开始部分代替驾驶员的工作,使驾驶员能够得到及时的休息,减少了疲劳驾驶带来的各种风险。人工智能使设备能够模仿操作人员的具体工作方式,经过模仿后能够大部分代替操作人员,大大降低操作人员的工作强度。在临床医学上,通过特定的影像训练后,AI 能够准确识别 CT、核磁共振、X 光等医学影像,降低了

医生的读片工作量,使医生能够更专注于医学技术和技能的培养,促进了医学的进步。同时,与一般微创手术相比,机器人辅助手术(图 5-2)具有改善手术治疗效果,扩大手术治疗范围等优势。

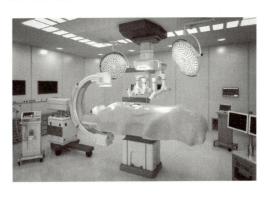

图 5-2
手术机器人

## (二)互联网与人工智能时代的劳动新形态

### 1. 远程化就业方式

"远程劳动"指的是在传统职场之外进行的劳动,对于从业者而言,这种劳动形式利用电子信息技术使工作方式变得较为弹性。相比于传统形式的劳动,远程劳动具有更加灵活的劳动场所,不必集中于传统工作场所完成工作,比如企业的高级管理人员、销售、技术支持等工作人员通过网络、电讯的方式实现更灵活多样的办公。2020 年新冠肺炎疫情的暴发,使传统行业遭受严重冲击,远程办公异军突起,很多求职者通过远程的方式实现了充分就业。科技与劳动的紧密结合使远程劳动得到了更广泛的应用。

### 2. 共享化劳动模式

近年来,以互联网为平台涌现出众多新的经济形态,涉及各个领

域并呈现共享模式,吸引了大量劳动力的进入。通过互联网交易平台的资源整合,劳动者可以以个人身份向不特定的主体对象提供多样化的服务,这种服务模式被称为共享劳动①。共享劳动具有较自由的工作时间,如网约车司机、外卖员、网约厨师和网约家政人员等可以灵活利用自己的时间为有不同需要的对象服务,或者可以利用时间自由从事多项工作。这一系列新的劳动用工人员被称为"网约工"。

### 3. 委托式劳动关系

委托劳动,指借助互联网利用业务委托的方式把某项雇主事务交由个体劳动者处理,而不采取标准劳动关系进行雇佣,这种模式在销售、独立代理人、律师等多个职业领域都被越来越广泛地应用。雇主可利用便捷的通信方式和人工智能技术,根据自身任务特性和需要在全球范围内寻找最适合的委托劳动者,委托劳动双方当事人之间的法律关系适用民法调整。

### 4. 人机协同劳动方式

人机协同劳动是指人与有一定智能性的机器配合完成一定工作,从而提高劳动生产率的劳动方式。人工智能时代,人机协同劳动充分结合了人与机器人的优势,一定程度上提高了劳动效率。但就目前的情况来看,机器人的准确性与安全性还需进一步提高,比如甄别模糊数据时,其准确率不够高,需要人的介入。另外,在实际操作中机器人有可能出现各种异常,而机器人程序不可能穷举或者预设所有的情况,因此要实现人与机器人的相互感知和无缝协作,需要不断提升机器人系统的智能性。

### 5. 多重化劳动身份

借助于人工智能对人类基础劳动的替代,人类摆脱了单一劳动的限制。人工智能时代的竞争是全方位的,在新的竞争模式下,劳动者可以根据个人兴趣爱好累计多方面的专业知识,从而使自己能从事的工作领域更加多元化,个人可以具有多重劳动身份,如某个人可能白

---

① 陈微波.共享经济背景下劳动关系模式的发展演变——基于人力资本特征变化的视角[J].现代经济探讨,2016(09):35-39.

天做财务,下班后又能从事艺术表演。

### (三)劳动形态变化的特点

新时代的劳动形态既有手工劳动与机器劳动、也有智能劳动,目前三种劳动形态实现了共存,并呈现出持续迭代、新旧交融、催生新形态和复兴旧形态的状态。

**1. 新旧劳动形态的更替是持续迭代的过程**

智能劳动的诞生与发展建立在传统手工劳动、机器劳动的基础上,智能劳动对现有劳动形式的迭代是一个柔性转化、逐步替代、有限替代的过程。[①] 劳动中"结构化、定式化、中等技能、日常信息处理"的工作最容易被智能劳动取代。未来20年,难以被替代的职业是需要创新思维、高端技能、交叉融合复杂的、需要面对面提供定制化和个性化服务的职业,包括教师、内外科医生、记者等。

**2. 新旧劳动形态的更替是新旧交融的过程**

新旧劳动交叉融合,是新劳动在旧劳动上实现智能化的过程,这个过程中,旧的劳动形态为适应生产需要进行了调整,二者相互交错融合,并不是孤立地存在。[②] 传统手工劳动与设计、控制、管理等智能劳动相比,它们所创造的价值有一定差距,但对于机器劳动和智能劳动而言,其工作中的各个环节仍然缺少不了手工劳动,而是呈现出互补的状态。如共享单车这类智能化产业中,对共享单车的管理和运行是智能劳动,而在检修和搬运共享单车的过程中,机器劳动和手工劳动是不可避免的。总体而言,手工劳动是其他两种劳动形式的基础,在手工劳动的基础上进行创新和发展之后,机器劳动和智能劳动便诞生了,并为手工劳动提供可借助的、更加优越的技术条件,从而促进手工劳动进一步创新。

---

① 印秀杰.试论劳动形态的新变化和劳动政策的新发展[J].哈尔滨商业大学学报(社会科学版),2003(03):22-24.

② 华婧雅,白文君.人工智能时代异化劳动的新形态及其扬弃路径[J].和田师范专科学校学报,2020,39(01):49-54.

### 3. 新旧劳动形态的更替是催生新的职业形态的过程

劳动形态的改变催生了新的职业形态。第一次工业革命发生时，由于纺织机的出现，纺织工的工作被替代了，而传统运输业也因为蒸汽机的出现受到不小的影响。但与此同时，更先进的劳动生产工具不断促进生产力的解放，新兴的产业如钢铁冶炼、设备维修等行业涌现出来，从事这些行业的劳动者需具备一定技术。由于自动化生产线在工业生产中诞生，传统手工业劳动者的双手得到了解放。自动化生产降低了对劳动者数量的需求，但是提高了生产力，同时迫使更多传统劳动者不断学习新技能、创新技术，开拓出了新的生产领域，促进了生产力向更高水平发展，进一步扩大了就业。虽然劳动形态升级之后，"机器排挤人"现象出现，有些人可能会产生被机器替代的恐慌，但事实表明，随着岗位的升级，劳动者也做出了相应的改变，例如提升自己的能力使自己与岗位进行相应的匹配，抑或是直接进行岗位的转移，这些方法都能够让人获得重新上岗的机会。

### 4. 新旧劳动形态的更替是复兴手工劳动的过程

新时代复兴手工劳动，是对传统手工劳动的继承和发扬，并对手工劳动提出了更精细、更高质量的要求。在智能技术逐步成熟的今天，虽然手工劳动呈现出减少的趋势，但减少的那部分手工劳动基本是由于其太过粗放而被淘汰。即便劳动形态在不断迭代，但某些手工劳动一直存在并保持着其光和热。这些手工劳动一般较为复杂且创造性十足，有些手工劳动属于我国非物质文化遗产，具有地方特色和民族特色，能有效带动劳动者就业创业、增收致富，很多地方政府鼓励创办非遗手工企业、专业合作社，把"指尖技艺"变为"指尖经济"（图5-3）。

图 5-3
中国非遗项目
潮绣

手工劳动在新劳动时代又

逐渐复兴有其必然性。首先,从人类劳动体验的角度解析,人类可以借助手工劳动完成自我体验、自我认可的过程。在劳动过程中,人类的自我获得感和满足感不断被实现,这种获得感和满足感承载着人类对自身的审视和对自我价值实现的期待。其次,在整个机械劳动过程中,人类感受不到灵性,人性也在这个过程中被枯燥重复的工作所磨灭,这在某种程度上会影响劳动者的体能与智能;而就一些较为有趣的手工劳动而言,劳动者不仅将其视为一种工作,更是享受乐趣的一种方式,同时也是获得自我解放的途径之一。最后,在整个劳动形态发展的过程之中,手工劳动具备不可代替的优势。手工劳动过程中,人将自身的智慧和情感蕴含在内,完成了对特定物品的量身定做,人的创意得到展现的同时,也体现了手工劳动者精益求精的态度。这类工作高度依赖手工劳动者,需要劳动者不断地钻研,无论智能化技术先进与否,都无法取代这类手工劳动。

## 二、新就业形态与劳动职业的变化

对目前的人类社会进行分析,可以发现我们正处于第四次工业革命的开端。在这一次工业革命中,从技术发展的角度看,无论是速度、广度,还是深度上都超越了以往的工业革命。而在新工业革命中,就业将在新技术力量之下完成重塑。在党的十八届五中全会公报中,"加强对灵活就业、新就业形态的支持"被明确提出,这也是"新就业形态"这个概念被首次提出[①]。

### (一)新就业形态

就业是劳动的一种形式。落实高职院校育人功能,开展好劳动教育,必须把劳动教育与社会需求联系起来。新时代,科技革命和产业变革继第一、第二次工业革命之后迅速兴起,人工智能、"互联网+"、

---

① 张成刚.就业发展的未来趋势,新就业形态的概念及影响分析[J].中国人力资源开发,2016(19):86-91.

3D 打印等智能技术开始广泛应用于各个行业与领域。新型商业模式如分享经济、众包经济、零工经济、平台经济等不断涌现。新旧劳动交错融合下，借助先进的技术手段，依托互联网、大数据、通信网络，我国很大程度上提高了劳动者与企业、消费者的匹配效率，降低了就业服务的交易成本，使得劳动的供求快速对接，扩大了就业服务的时空范围，并逐步改变了劳动者的就业领域、就业观念、就业关系等。首先是形形色色的新就业领域，包括共享经济、电子商务、小微创业企业、社群经济等；其次是新的就业观念，许多就业者更愿意从事灵活性与自主程度高的工作，不再追求"铁饭碗"式稳定的就业；最后是组织形式的新变化，劳动者与组织的关系更灵活，劳动者作为个体可以在互联网技术的帮助之下，直接对接雇主，实现更自由的组织形式。

### （二）新就业时代的新职业

由于互联网信息技术能够在多个领域得到较为广泛的应用，这在一定程度上促进了新就业形态的发展。实际上，新时代劳动者对自我价值创造与兴趣爱好实现有更强的诉求。在我国，"大众创业、万众创新"在政府推动下获得了广泛的发展，并带动和激发了市场创新活力。随着劳动形态的创新与变化，近几年，我国也陆续发布了技能人员的新职业信息（表 5-1）。目前的就业形态门类愈发多样化、丰富化，总体而言，有以下几类。

表 5-1　2020、2021 年人力资源和社会保障部办公厅　市场监管总局办公厅
国家统计局办公厅共同发布的职业信息

| 2020 年人社部发布的技能人员新职业 | | 2021 年人社部发布的技能人员新职业 | |
|---|---|---|---|
| 序号 | 职业名称 | 序号 | 职业名称 |
| 1 | 智能制造工程技术人员 | 1 | 集成电路工程技术人员 |
| 2 | 工业互联网工程技术人员 | 2 | 企业合规师 |
| 3 | 虚拟现实工程技术人员 | 3 | 公司金融顾问 |

| 2020 年人社部发布的技能人员新职业 | | 2021 年人社部发布的技能人员新职业 | |
|:---:|:---|:---:|:---|
| 序号 | 职业名称 | 序号 | 职业名称 |
| 4 | 连锁经营管理师 | 4 | 易货师 |
| 5 | 供应链管理师 | 5 | 二手车经纪人 |
| 6 | 网约配送员 | 6 | 汽车救援员 |
| 7 | 人工智能训练师 | 7 | 调饮师 |
| 8 | 电气电子产品环保检测员 | 8 | 食品安全管理师 |
| 9 | 全媒体运营师 | 9 | 服务机器人应用技术员 |
| 10 | 健康照护师 | 10 | 电子数据取证分析师 |
| 11 | 呼吸治疗师 | 11 | 职业培训师 |
| 12 | 出生缺陷防控咨询师 | 12 | 密码技术应用员 |
| 13 | 康复辅助技术咨询师 | 13 | 建筑幕墙设计师 |
| 14 | 无人机装调检修工 | 14 | 碳排放管理员 |
| 15 | 铁路综合维修工 | 15 | 管廊运维员 |
| 16 | 装配式建筑施工员 | 16 | 酒体设计师 |
| 17 | 区块链工程技术人员 | 17 | 智能硬件装调员 |
| 18 | 城市管理网格员 | 18 | 工业视觉系统运维员 |
| 19 | 互联网营销师 | | |
| 20 | 信息安全测试员 | | |
| 21 | 区块链应用操作员 | | |
| 22 | 在线学习服务师 | | |
| 23 | 社群健康助理员 | | |
| 24 | 老年人能力评估师 | | |
| 25 | 增材制造设备操作员 | | |

注: 表格内容来源于人社厅发〔2020〕17 号、人社厅发〔2020〕73 号、人社厅发〔2021〕17 号

### 1. 自由职业者

自由职业者有三种。第一种是传统的自由职业者，他们拥有某个方面的特长或某项技术水平较高，业内资源较丰富。较为常见的有画家、音乐家、舞蹈家、艺术家、自由撰稿人、自由经纪人、自由翻译者等。第二种是依靠新兴技术的自由职业者，这类职业者是伴随着互联网的兴起而逐渐诞生的，其依托的是共享经济平台，劳动者只需通过虚拟平台就可以与市场相连接，创造个体市场价值，如代购人员、线上培训教师、家政服务人员、私厨美食、网约车平台司机、外卖小哥（图5-4）等。第三种是与社团共生的自由职业者，在一些线上交流群体中，兴趣或职业相同的人员聚集在一起，利用成员之间的密切联系或者相互之间的认同感来间接获得收益，如利用互联网平台在读书、追星、手游、二次元、亲子等互联网中的虚拟人际圈子发挥自己的特长而获得收益的自媒体从业者等。

图 5-4
奔跑着送餐的年轻外卖员

### 2. 依托于互联网的多重职业者

多重职业者主要有两种。一种是兼职者，这类劳动者拥有一份主业，同时利用互联网平台搭建的信息渠道参与第二份工作，如医院医生、大学老师在工作余下的时间里参与医生网络问诊、兼职网络教师等。另一种情形可称为"斜杠青年"[①]，指不再满足"专一职业"的生活方式，而选择拥有多重职业和身份的多元生活的人群，"斜杠"（"/"）是最早由美国专栏作家麦瑞克·阿尔伯在《一个人/多重职业》一书中提出的概念，用以指代拥有多重职业和身份的人。"斜杠"概念一进入中国便与青年文化一拍即合，风靡社交网络。斜杠青年的出现是社

---

① 敖成兵.斜杠青年：一种"互联网+"时代的职业身份解码[J].中国青年研究,2017(12)：80-84.

会发展的必然现象,生存环境决定了人类天生喜欢多元生活,喜欢用不同的技能来应对新挑战,乐于通过"自我投资",拥有扎实的知识功底、才华或技能,从而拥有多重职业和身份,成为"斜杠青年"中的一员,过上一种自主、多元、有趣,同时又能经济独立的生活。

### 3. 创业式就业者

创业式就业者主要有两种。一种是"创客",指勇于创新、努力将自己的创意变为现实的人。在中国,政府大力倡导"大众创业、万众创新","创客"就是具有创新理念且热衷自主创业的人群。目前国内已经拥有三大创客圈,分别是位于北京的创客空间、坐落于深圳的柴火,以及建设在上海的新车间。除了创客圈之外,在许多创业孵化平台中,创业团队也能够获得相应的服务。另外一种创业式就业者是指在电子商务平台就业的劳动者,在电子商务平台中,直播运营、客服人员、直播售货员(图5-5)、网店运营人员等岗位随平台应运而生,这些创业式就业者通过电子商务平台,将传统零售模式进行升级,实现线上销售。

图 5-5
直播售货员在展示商品

### 4. 去雇主化、平台化就业者

去雇主化、平台化就业者主要有两种。一种是由网上业务衍生的,依托新零售、新消费业态,如智能导购、采购员、AI训练师、智能工程师等新型职业兴起。另一种是在企业边界虚拟化、资源共享化趋势日益明显的环境下,部分企业将岗位进行外包,原有人员的劳动关系转换为劳务关系或是经济合同关系。

## (三)新就业形态的特征与影响

新就业形态是相较于传统的典型就业而言的,二者存在诸多不同之处(表5-2)。

微课:新时代新劳动——新就业形态与劳动职业的变化

表 5-2　传统典型就业与新就业形态的不同

|  | 传统典型就业 | 新就业形态 |
| --- | --- | --- |
| 劳动时间 | 八小时工作制 | 灵活工作时间 |
| 劳动关系 | 雇主—雇员 | 去雇主化、"合作分享"<br>短期劳动合同、无合同<br>无谈判权、即时报酬 |
|  | 长期稳定的劳动合同<br>社会保障和福利制度<br>八小时工作制 | 任务制临时工、零工 |
| 劳动组织 | 科层制度<br>固定工作场所<br>集中统一劳动 | 扁平化、平台化、去中心化、<br>工作地点不固定 |

### 1. 劳动方式越来越灵活

新就业形态下的劳动方式更加灵活多变,劳动时间呈碎片化趋势。以网约车司机为例,其工作时间和闲暇时间的界限不再那么明显,劳动者可以选择在任意时间开始或停止工作,满足个人灵活运用空余时间的需求。

### 2. 劳动关系去组织化

在新就业形态的大背景下,劳动关系也发生了相应的变化,呈现出临时性、多重性的特点。如家政服务人员可以与不同的互联网平台自由结合,当出现价值观或供需差异时,相互之间可以更加灵活自由地进行选择与配置,基于这样的情况,劳动关系凸显了临时性特征,向去雇主化或自我雇佣化转变[①]。除此之外,劳动者可以同时从事多个相近职业,拥有多重劳动关系,这些情况让新时代的劳动关系趋于弹性。

### 3. 劳动群体去中心化

随着就业形态的改变,在劳动群体中,"个人"成为了一个规模庞

---

① 方文超,罗鹏飞.转型时期自我雇佣转化模式研究[J].技术经济与管理研究,2004(05):105.

大的群体的组成部分。以互联网共享经济为例,有 7 000 万以上的人次参与其中,为共享经济提供服务。但同时,这一庞大的劳动群体的组织形式趋于去中心化,劳动者群体难以聚集,实际也会导致群体缺乏相应的工会等维权组织的保护。

**4. 新的就业形态创造更多就业岗位**

随着新业态的发展,大量新形态、新内容的工作岗位被创造出来。互联网平台组织的出现,使自雇佣和创办小微企业变得更加便捷。在"大众创业、万众创新"系列政策的支持下,依托电商平台、分享经济平台的创业大量涌现,带动了就业岗位的创造。如互联网平台上的服装网店,新增 1 家服装网店可以带动就业约 2.5 人,于是,网络摄影、导购达人、代运营等新职业层出不穷。

伴随着移动互联网、大数据、云计算等信息技术的广泛运用,新经济模式带动了各类不同于标准雇佣模式的新就业形态出现。求职者需转变思考方式,从专业选择到职业规划,都应紧跟时代发展趋势,求职者不可刚愎自用,大学毕业生不可好高骛远,互联网、人工智能与人类劳动的全面融合已经成为不可逆的趋势,我们必须时刻做好拥抱智能科技的准备,时刻准备迎接"互联网 +"、人机协作时代的到来。

## 第二节　劳动新形态对劳动教育的要求和启发

社会的发展为我们带来了劳动教育的新命题,在劳动构成复杂化、多元化、现代化、信息化、智能化的今天,劳动内容也不断增加。我们更加要认清时代的需求,更新劳动教育理念,结合新业态产业、新形态劳动,拓宽职业院校学生劳动教育的实践场所,创新深化劳动教育实践课程体制机制,使劳动教育与市场紧密结合,用发展的眼光、创新的途径,精准把握新时代劳动教育的内涵、特征和价值,多措并举,不断强化新时代劳动教育的重要性与实效性。

# 一、劳动新形态对劳动者的要求

当劳动进入到新形态,智能劳动将成为迭代后的最终产物,而在智能劳动的具体要求之下,劳动者的素养需要向智慧化方向发展,劳动内容也向智慧劳动转化。同时,劳动创造、劳动情绪也是其中重要的组成部分,这对劳动者提出了较高的要求。对于劳动者而言,除了要有在专业领域开展工作的能力,还要具备综合素质,适应各种复杂的工作情况。

## (一)劳动者需要具备在专业领域从事智慧劳动的能力

对于当前的劳动形式而言,科学劳动、复杂脑力劳动成为劳动的重要组成部分,处在中心地位的是智慧型劳动,在这种情况下,技术型工人更受青睐,受过专业训练的人才比重也正在增加,越来越多的劳动者从事知识生产或知识传播类的工作,因此劳动者需要拥有从事智慧劳动的能力,从而更好地参与到专业领域的工作中。

## (二)劳动者需要具备终身学习能力

互联网时代的瞬息万变,要求个体拥有极强的学习能力。当前人工智能的快速发展对劳动者的学习能力是一个考验,劳动者需要熟练掌握智能劳动的新技术,这需要进行专业且系统的学习和训练,只有这样,劳动者才能够有能力控制智能机器,并熟悉其规范的操作流程以及理解背后的原理。因此,对于劳动者而言,终身学习的能力十分重要,需要不断用新的技术来提升自己的能力。例如当下最新的5G技术、AI、区块链技术等,它们顺应时代产生,也将改变时代。更重要的是,新技术的产生必定会带来巨大的人才缺口,这也是学习的最佳时机。

### （三）劳动者需要具备创造力

当前的劳动处于智能发展阶段。推动劳动智能化的基础是新兴的通用技术集群，新兴的通用技术集群以技术创新为支撑，包括新一代互联网信息、新材料、先进制造以及生命科学等技术[①]。创新是这些技术产业的核心所在，驱动着这些技术发展。而在创新劳动中，人才是灵魂。未来的劳动者，不仅要具备逻辑思维和创造能力，还要能进行技术转化。机器无法完全替代人的劳动，人所从事的工作更加重要，对于劳动者而言，创造力的提升是必需的。

### （四）劳动者需要具备审美力

在当下技术时代，科学技术的应用范围已经十分广泛，在机器劳动与智能劳动的帮助之下，人们从体力劳动和脑力劳动中获得了一定程度的解放。因此，在休闲机会变多的情况下，人们在精神劳动或者休闲劳动中的精力投入也相应地增加。这一部分劳动更偏向探索化和艺术化，如果劳动者想要参与这一类型的劳动，审美力是必不可少的，如网络美工、网店摄影师、游戏特效设计师等。

### （五）劳动者需要具备跨界整合力和沟通协作力

对于劳动者而言，除了要对相应的劳动技能熟练掌握，还要全方位地对自身的能力进行提升。互联网打通了知识的壁垒，信息变得极易获取，劳动者可以通过各种互联网工具迅速学习很多东西。在这个过程中，劳动者逐渐具备了"连接型商业思维"，即通过扎根于某领域的专业能力和资源，去整合其他资源，从而形成合力，这样劳动的效率会得到大幅提高。总体而言，在未来的劳动力市场中，"一专多能"型人才会更受青睐。因此，劳动者应该将沟通能力与协作能力作为自身

---

[①] 毕文健.新时代劳动形态下劳动者及劳动教育的新审思[J].职教通讯,2020(06):15-23.

的必备要素之一。

### （六）劳动者要掌握从事实体劳动的基本动手能力

虽然劳动形态已经发生了新的变化，但作为劳动者，最基本的动手能力与技能不能遗失。对基础知识与技能的掌握有助于劳动者更好地参与到智能生产线之中。"你无法在互联网上钉钉子。"对于一个劳动者来说，掌握一门手艺并不是对劳动者进行了限制，而是对劳动者进行了解放。如果一个劳动者的技术不能够被其他人轻易取代，那么他在劳动力市场上就会有一席之地，甚至有成为这方面大师的潜质。因此，在新劳动形态中，劳动者仍需具备基本的动手能力，这些能力有助于他们在现场更好地从事产品生产。

### （七）劳动者需要具备情绪管理能力

当前，多元共存与迭代发展成为劳动形态的显著特征。在这个过程之中，生产性以及生活性服务劳动所占据的比重不断加大，导致第三产业的占比越来越大。第一产业与第二产业的人力资源向第三产业转移，使得第三产业劳动者逐渐增加。但对于服务性劳动而言，其需要大量的人际交往，这些都属于情绪劳动的范畴，劳动者为了达到目标，在工作时需要保持某种特定情绪[①]。当服务性劳动比例逐渐增大时，参与服务性劳动的劳动者要在情绪管理上具备一定的能力。

## 二、劳动新形态对劳动教育的启发

当劳动还处于传统手工时代，师承是最主要的劳动传授方式。而目前的劳动处于机械化时代，如果劳动者要具备岗位所需的相应能

---

① 毕文健.新时代劳动形态下劳动者及劳动教育的新审思［J］.职教通讯，2020（06）：15–23.

力,专业的教育与培训就是必需的。

## （一）劳动新形态下要坚持正确的劳动价值观

受中国传统思想"劳心者治人,劳力者治于人"的影响,一些学生对参与生产劳动持怀疑和观望态度,认为只要学习成绩好就行,于是一些学生不爱劳动、不会劳动,甚至不懂劳动。有些学生在就业时选择缓就业、慢择业,选择职业时存在不切实际的期待,遇到困难时就"躺平"。为了改变这一现状,正确劳动价值观的塑造成为劳动教育的首要任务。

### 1. 培养马克思主义劳动观

根据马克思主义的观点,人是劳动的产物且人不能停止劳动。在人类社会关系形成与发展的过程中,劳动起到了非常重要的作用。人在参与劳动时,除了与自然界产生联系,还要在生产关系中与人产生联系。在劳动的推动下,社会与历史得到了发展。只有人的劳动实践才能最终决定社会发展。

### 2. 培养学生劳动光荣的思想

要弄清楚大学生在兴趣爱好上的特点,根据这些特点来进行相应的劳动教育,让劳动教育更具心思,从而让学生更容易接受。学校对劳动类的社团需要大力支持,让学生能够在参与劳动的过程中体验到劳动的魅力并收获一定的快乐,从而促进自身创造力的提高。如云南水利水电职业学院借助校青年志愿者协会,在校内开展"用矿泉水瓶筑起爱心之树"志愿服务活动,将各位同学收集的纸板、矿泉水瓶兑换成劳动学时,将卖废品所得全部用于爱心支教、爱心敬老志愿服务等项目。活动将劳动、环保、助学、敬老有机结合,得到全校师生的广泛认可和积极参与。这样的劳动教育,能让学生产生对劳动的认同感,并感受到劳动的光荣性。劳动教育需要对学生进行一定的引导,让他们在劳动中发现、创造。通过劳动教育,让学生从内心深处萌发理想的种子,从而帮助学生更好地适应未来的社会劳动。

## （二）劳动教育的内容各有侧重

中共中央、国务院印发的《关于全面加强新时代大中小学劳动教育的意见》强调，不同学段的劳动教育内容各有侧重点，其在实践上具有一定的参考价值。目前，全国各学段已经进行了劳动教育的初步探索，例如浙江衢州一所小学的劳动教育课包括做索面、磨豆浆、做煎饼等活动；江苏省海安高级中学的学生以班级为单位，分组深入田间开展劳动实践活动，掰玉米、搓草绳、摘花生等，现场热闹非凡；西北工业大学长安校区在学生公寓楼顶搭建了一个"空中农场"，让学生在楼顶种菜；云南水利水电职业学院每月开展"后勤体验日"活动，组织学生深入学校环卫、食堂、安保、宿管等各环节，开展劳动实践（图5-6）……这些有益的劳动实践课程探索，可以逐渐改善过去劳动教育被忽视、学生"四体不勤、五谷不分"的状况，让学生真正体会"粒粒皆辛苦"，学会珍惜、尊重劳动成果。

图5-6
云南水利水电职业学院"后勤体验日"劳动实践活动

## （三）"互联网＋劳动教育"的必然性

信息时代正在加速到来，蓬勃发展中的人工智能将对人类未来的生活产生深刻的改变，各行各业都会受到人工智能的影响。目前，劳动者已经从体力劳动以及部分脑力劳动中获得了解放，因此，新时代劳动教育的内涵也应该有所改变。一方面，在劳动教育中，学生不只是获得生存技能，更重要的是在整个劳动过程中，实现自我价值和自我效能。另一方面，在劳动教育的帮助下，人们能够更好地参与到真实世界中。在互联网时代，教育也发生了质的改变，获取知识的便捷程度也在加大,但将知识转化成实践能力还面临着一定的挑战。而之所以强调劳动教育,最主要的就是对实践能力的强调,让知识真正转化成能力。

新时代,新兴产业必将成为未来的发展方向,这就要求劳动者能够熟练掌握与运用信息技术,这样才能够更好地适应社会,反之他将被社会所淘汰。由于经济发展中,知识、信息、技术发挥着无可替代的作用,所以劳动者所具备的知识与技能也要相应地进行提升,"互联网+劳动教育"模式将成为必然[①]。

**1. 互联网为劳动教育提供了更为方便有效的渠道**

随着科学技术的发展,以及国家对劳动教育的高度重视,劳动教育正以一种新的形式出现。当今,信息化技术渗透到社会的方方面面。当代大学生都是在互联网的陪伴下成长起来的,他们在生产生活、学习教育、信息获取、人际交往等方面都与互联网有着密不可分的关系。培育新时代的人才,要充分利用当今科技,加强对劳动教育的宣传普及,创新网络劳动实践活动教育体系,加强劳动模范先进事迹的示范引领。总之,互联网为劳动教育提供了方便快捷的渠道,使劳动教育的开展方式更加灵活多样,内容更加丰富有趣,受教育者的范围也不受年龄、阶层、地域限制。

**2. 培养劳动者运用"互联网+"思维解决生产生活问题的能力**

"互联网+"是以网络为基础发展起来的新模式、新业态,而且具备相当大的规模,拥有着丰富的资源。在互联网的帮助下,世界范围内的人不仅可以实现信息的互通,还能够进行思想的交流,在这个过程之中,知识和经验得到了传递。而新时代的劳动者就要学会用"互联网+"的思维来解决生产生活中的问题,劳动教育也要避免沦为某种生活技能的单纯机械训练,而是要使受教育者在劳动教育中加强对"互联网+"的认识,改进生产技术,创新生产方法。

---

① 苏建菲."互联网+教育"环境下体育教学评价形式的发展应用研究[D].广州体育学院,2020.

**3."互联网+"是应对特殊形势、保证社会经济有序发展的重要手段**

面对新冠疫情，互联网为整个社会的"重新启动"和经济复苏提供了有力保障，体现了中国网络强国建设的巨大成就。根据中国互联网信息中心的统计，截至2021年6月，中国网民规模达到10.11亿人，互联网普及率达到71.6%。[①]特别在新冠肺炎疫情暴发初期，互联网与在线教育相结合，全国大中小学以开设在线同步直播教学、在线课程异步教学、在线双师协同教学、在线混合多元教学四类典型"停课不停学"的教学方式，在有序推进教学进度的同时，积极普及防疫知识，让学生实时了解疫情动态及奋战在一线的白衣天使以及抗疫英雄的感人事迹，将劳动价值观教育有效与实践活动相融合，培养学生爱党、爱国、爱社会主义的情怀，形成尊重劳动、热爱劳动的优良品格，为未来成为合格的劳动者奠定了坚实基础。同时，互联网平台在疫情暴发期间为停工的产业工人及广大群众提供了免费的在线资源，对工人进行在线培训，"互联网+"模式进一步提高了劳动者的素质和技能水平，为经济的有序复苏提供了强有力的基础和保障。

## （四）广泛开展劳动教育实践活动

在劳动教育实践中，学生需要完成发现问题，并通过自己的劳动来解决问题的全过程。在这个过程之中，学生创新创造的能力获得了相应的提升。实践教育的重点应主要放在三个方面，第一是日常生活中的劳动，第二是实习实训中的劳动，第三是创新创业中的劳动。

在我国的大中小学培养方案中，劳动课程是重要的组成部分。在中小学，有学生劳动周、劳动日，而对高职院校学生而言，毕业实习就

---

① 中国互联网络信息中心.中国互联网络发展状况统计报告［R/OL］.（2021-08-27）［2022-3-15］. https://t.ynet.cn/baijia/31337747.html.

是一个较好的劳动实践课程。在实习实训的过程中,学生需要动手动脑,用心感受劳动之美,这不仅能够提高学生的劳动素养,同时也能够提高创新意识。在高职院校,开展创新创业教育是劳动教育的重要路径,处于新时代的大学生,就业压力越来越大,通过创新创业的尝试,可以让他们的创新创造能力获得提升,更好地进行自我挑战。近年来,职业院校学生参与创新创业大赛的积极性显著提升。目前,大学生创新创业类比赛,如全国"互联网+"大赛、"挑战杯""创青春"等赛事的参与人数逐年增加,参赛项目内容丰富,形式多样。以全国"互联网+"大学生创新创业大赛为例,从 2015 年首届中国"互联网+"大学生创新创业大赛启动以来,累计有 603 万个团队项目、2 533 万名学子参赛。仅 2021 年,全国共有 2 586 所院校的 40 万个创新创业团队、181 万名大学生扎根革命老区、城乡社区创新创业,共对接农户 105 万户、企业 2.1 万多家,签订合作协议 3 万余项,真正达到了以赛促教、以赛促学、以赛促创的效果[①]。

### (五)强化法治教育,做好学生就业指导工作

劳动新形态催生就业新形态,对于当今的大学生而言,互联网平台是其重要的求职和就业渠道,这让就业流动性获得了大幅度的提升。目前就业跨地域、跨省份十分常见,除此之外,还出现了跨职业、跨岗位的就业形态,这都是就业流动性提高的表现。但是需要注意的是,在高度的就业流动性下,劳动者的合法权利如何得到保障、用什么样的方式来对这个群体的参保进行帮助,以及如何加强对这个群体的社会保护等一系列问题仍待解决。在学校开展劳动教育的过程中,加强法治教育,向学生普及《劳动合同法》、国家社保政策法规等,显得更加重要和急迫。

微课:新就业形态劳动者的权益保障

---

① 数据来源:《2021 中国国际"互联网+"大学生创新创业大赛项目成长力报告》

### 人工智能时代 这七种职业将受到冲击

如果你现在的工作无聊或是重复性较强，那就要注意了——因为，在人工智能突飞猛进的时代，这样的工作可能会受到机器人的威胁。

曾经撰写过包括《机器人来了：人工智能时代的人类生存法则》在内的一系列有关人工智能方面书籍的约翰·普利亚诺，最近在接受英国BBC采访时称，任何循规蹈矩而且可预测性的工作，在未来5至10年都将可能被人工智能取代。

普利亚诺开出一份受到机器人威胁的职业清单。令人吃惊的是，其中竟然包括一些迄今为止被认为是比较安全的职业，例如医生和律师。但普利亚诺同时表示，这并不意味着医生和律师将会消失，只是与之有关的一些重复性劳动将会减少和被机器人替代。普利亚诺认为，受到人工智能威胁的几大职业包括：

1. 医生

这听起来似乎有些不太可能，因为人们对医生的需求总是很大，特别是在全球人口老龄化日趋严重的情况下。但普利亚诺认为，随着疾病诊断自动化的改进，某些医学领域将会受到机器人的威胁。然而，对急诊室医生和护理人员的需求仍将继续存在，对外科医生等专家的需求也将继续维持。

2. 律师

未来，从事文档处理和日常工作的律师将会大量减少。普利亚诺相信，那些不需要太多经验和专业知识的法律事务，更可能被人工智能电脑软件所取代。

3. 建筑师

简单建筑物的设计，目前已经由人工智能软件来完成。普利亚诺认为，未来只有那些具有创造性和艺术技能的建筑师才能在企业中生存。

### 4. 会计

从事简单税务处理的工作人员将会消失。但普利亚诺说，那些从事复杂税务领域的专业人士将不会受到影响。

### 5. 战机飞行员

无人驾驶飞行器，也就是无人机，将逐渐取代飞行员，特别是在危险环境中。普利亚诺认为，随着未来战争更加自动化，这种情况将会持续下去。

### 6. 警察与侦探

尖端监视跟踪技术系统，目前正在接管警察和侦探的工作。普利亚诺说，虽然警察与侦探不会消失，但人们对他们的需求将会大大减弱。

### 7. 房地产中介

传统的房地产中介经济利益将在人工智能时代受损，因为买家和卖家可以直接通过网站进行交易。普利亚诺认为，最有可能失去工作的是房地产中介的中层管理人员，他们的工作现在其实已经在整体经济中受到了冲击。

但是普利亚诺表示，虽然人工智能可能给一些行业带来冲击和威胁，但它也会创造出一些新的职位和行业，比如人工智能系统或软件的研制者、计算机算法的开发人员，以及熟悉保护和维修系统的工程师等。与此同时，人们对一些传统行业的需求将有增无减，比如水管工、电工和熟练的建筑工人等。

（来源：工人日报，有删改）

---

**思考：**

面对现代社会人工智能的发展，以及很多职业未来将会被人工智能取代的趋势，高职院校的劳动教育应该如何开展？新时代劳动者应该具备什么样的新技能？

参考文献

［1］马克思,恩格斯.马克思恩格斯文集:第四卷［M］.北京:人民出版社,2009.

［2］马克思,恩格斯.马克思恩格斯文集:第五卷［M］.北京:人民出版社,2009.

［3］马克思,恩格斯.马克思恩格斯文集:第八卷［M］.北京:人民出版社,2009.

［4］曾天山,顾建军.劳动教育论［M］.北京:教育科学出版社,2020.

［5］李效东.大学生劳动教育概论［M］.北京:清华大学出版社,2021.

［6］徐国庆.劳动教育［M］.北京:高等教育出版社,2020.

［7］韩剑颖.大学生劳动教育教程［M］.北京:清华大学出版社,2021.

［8］舒新城.辞海［M］.上海:辞书出版社,1999.

［9］中国大百科全书总编委会.中国大百科全书［M］.2版.北京:社会科学文献出版社,1987.

［10］陈孝彬等.教师百科辞典［M］.北京:社会科学文献出版社,1987.

［11］苏霍姆林斯基.帕夫雷什中学［M］.北京:教育科学出版社,2009.

［12］吴式颖.马卡连柯教育文集:下卷［M］.北京:人民出版社,

1985.

[13]金正连.劳动教育与素质养成[M].北京:中国人民大学出版社,2020.

[14]陈立柱.有巢氏传说综合研究——兼说中国史学的另一个传统[J].史学月刊,2015(02):86-95.

[15]毕文健.新时代劳动形态下劳动者及劳动教育的新审思[J].职教通讯,2020(06):15-23.

[16]印秀杰.试论劳动形态的新变化和劳动政策的新发展[J].哈尔滨商业大学学报:社会科学版,2003(03):22-24.

[17]华婧雅,白文君.人工智能时代异化劳动的新形态及其扬弃路径[J].和田师范专科学校学报,2020,39(01):49-54.

[18]张成刚.就业发展的未来趋势,新就业形态的概念及影响分析[J].中国人力资源开发,2016(19):86-91.

[19]敖成兵.斜杠青年:一种"互联网+"时代的职业身份解码[J].中国青年研究,2017(12):80-84.

[20]方文超,罗鹏飞.转型时期自我雇佣转化模式研究[J].技术经济与管理研究,2004(05):105.

[21]苏建菲."互联网+教育"环境下体育教学评价形式的发展应用研究[D].广州体育学院,2020.

### 资源服务提示

授课教师如需获得本书配套教学资源，请登录"高等教育出版社产品信息检索系统"（http://xuanshu.hep.com.cn/）搜索本书并下载资源，首次使用本系统的用户，请先注册并进行教师资格认证。

### 联系我们

高教社高职劳动教育研讨 QQ 群：813371686

编辑邮箱：tianyl@hep.com.cn